U0033708

吳忠信日記

（1949）

The Diaries of Wu Chung-hsin, 1949

民國日記 | 總序

呂芳上
民國歷史文化學社社長

　　人是歷史的主體，人性是歷史的內涵。「人事有代謝，往來成古今」（孟浩然），瞭解活生生的「人」，才較能掌握歷史的真相；愈是貼近「人性」的思考，才愈能體會歷史的本質。近代歷史的特色之一是資料閎富而駁雜，由當事人主導、製作而形成的資料，以自傳、回憶錄、口述訪問、函札及日記最為重要，其中日記的完成最即時，描述較能顯現內在的幽微，最受史家重視。

　　日記本是個人記述每天所見聞、所感思、所作為有選擇的紀錄，雖不必能反映史事整體或各個部分的所有細節，但可以掌握史實發展的一定脈絡。尤其個人日記一方面透露個人單獨親歷之事，補足歷史原貌的闕漏；一方面個人隨時勢變化呈現出不同的心路歷程，對同一史事發為不同的看法和感受，往往會豐富了歷史內容。

　　中國從宋代以後，開始有更多的讀書人有寫日記的習慣，到近代更是蔚然成風，於是利用日記史料作歷

史研究成了近代史學的一大特色。本來不同的史料，各
有不同的性質，日記記述形式不一，有的像流水帳，有
的生動引人。日記的共同主要特質是自我（self）與私
密（privacy），史家是史事的「局外人」，不只注意史
實的追尋，更有興趣瞭解歷史如何被體驗和講述，這時
對「局內人」所思、所行的掌握和體會，日記便成了十
分關鍵的材料。傾聽歷史的聲音，重要的是能聽到「原
音」，而非「變音」，日記應屬原音，故價值高。1970
年代，在後現代理論影響下，檢驗史料的潛在偏見，成
為時尚。論者以為即使親筆日記、函札，亦不必全屬真
實。實者，日記記錄可能有偏差，一來自時代政治與社
會的制約和氛圍，有清一代文網太密，使讀書人有口難
言，或心中自我約束太過。顏李學派李塨死前日記每月
後書寫「小心翼翼，俱以終始」八字，心所謂為危，這
樣的日記記錄，難暢所欲言，可以想見。二來自人性的
弱點，除了「記主」可能自我「美化拔高」之外，主
觀、偏私、急功好利、現實等，有意無心的記述或失
實、或迴避，例如「胡適日記」於關鍵時刻，不無避實
就虛，語焉不詳之處；「閻錫山日記」滿口禮義道德，
使用價值略幾近於零，難免令人失望。三來自旁人過度
用心的整理、剪裁、甚至「消音」，如「陳誠日記」、
「胡宗南日記」，均不免有斧鑿痕跡，不論立意多麼良
善，都會是史學研究上難以彌補的損失。史料之於歷史
研究，一如「盡信書不如無書」的話語，對證、勘比是
個基本功。或謂使用材料多方查證，有如老吏斷獄、
法官斷案，取證求其多，追根究柢求其細，庶幾還原

案貌，以證據下法理註腳，盡力讓歷史真相水落可石出。是故不同史料對同一史事，記述會有異同，同者互證，異者互勘，於是能逼近史實。而勘比、互證之中，以日記比證日記，或以他人日記，證人物所思所行，亦不失為一良法。

從日記的內容、特質看，研究日記的學者鄒振環，曾將日記概分為記事備忘、工作、學術考據、宗教人生、游歷探險、使行、志感抒情、文藝、戰難、科學、家庭婦女、學生、囚亡、外人在華日記等十四種。事實上，多半的日記是複合型的，柳貽徵說：「國史有日歷，私家有日記，一也。日歷詳一國之事，舉其大而略其細；日記則洪纖必包，無定格，而一身、一家、一地、一國之真史具焉，讀之視日歷有味，且有補於史學。」近代人物如胡適、吳宓、顧頡剛的大部頭日記，大約可被歸為「學人日記」，余英時翻讀《顧頡剛日記》後說，藉日記以窺測顧的內心世界，發現其事業心竟在求知慾上，1930 年代後，顧更接近的是流轉於學、政、商三界的「社會活動家」，在謹厚恂恂君子後邊，還擁有激盪以至浪漫的情感世界。於是活生生多面向的人，因此呈現出來，日記的作用可見。

晚清民國，相對於昔時，是日記留存、出版較多的時期，這可能與識字率提升、媒體、出版事業發達相關。過去日記的面世，撰著人多半是時代舞台上的要角，他們的言行、舉動，動見觀瞻，當然不容小覷。但，相對的芸芸眾生，識字或不識字的「小人物」們，在正史中往往是無名英雄，甚至於是「失蹤者」，他們

如何參與近代國家的構建，如何共同締造新社會，不應
該被埋沒、被忽略。近代中國中西交會、內外戰事頻
仍，傳統走向現代，社會矛盾叢生，如何豐富歷史內
涵，需要傾聽社會各階層的「原聲」來補足，更寬闊的
歷史視野，需要眾人的紀錄來拓展。開放檔案，公布公
家、私人資料，這是近代史學界的迫切期待，也是「民
國歷史文化學社」大力倡議出版日記叢書的緣由。

導言

王文隆

南開大學歷史學院副教授

一、吳忠信生平

　　吳忠信（1884-1959），字禮卿，一字守堅，別號
恕庵，安徽合肥人。1900年八國聯軍攻陷北京，光緒
帝與慈禧太后西逃，鑑於國難而前往江寧（南京）進入
江南將弁學堂，時年僅十七。1905年夏天畢業後，奉
派前往鎮江辦理徵兵，旋受命為陸軍第九鎮第三十五標
第三營管帶，開始行伍生涯。隔年經楊卓林介紹，秘密
加入同盟會。1911年武昌起義，全國響應。林述慶光
復鎮江，自立為都督，任吳忠信為軍務部部長，後改委
為江浙滬聯軍總司令部總執行法官兼兵站總監。

　　1912年元旦，孫中山就任中華民國臨時大總統，
奠都南京，吳忠信任首都警察總監。孫中山辭職後，吳
忠信轉至上海《民立報》供職，二次革命討袁時復任首
都警察總監，失敗後亡命日本，加入孫中山重建的中華
革命黨。並於1915年，在陳其美（字英士）帶領下，
與蔣中正同往上海法國租界參預討袁戎機，奠下與蔣
中正的深厚情誼。1917年，孫中山南下護法組織軍政
府，吳忠信奉召前往擔任作戰科參謀，襄助作戰科主任
蔣中正，兩人合作關係益臻緊密。爾後，吳忠信陸續擔
任粵軍第二軍總指揮、桂林衛戍司令等職。1922年，

吳忠信作為孫中山的全權代表之一員，與段祺瑞、張作霖共商三方合作事宜。同年 4 月前往上海時，因腸胃病發作，辭去軍職，卜居蘇州。爾後數年皆以身體不適為辭，在家休養，與好友羅良鑑（字佶子）等人研究諸子百家。

1926 年 7 月，蔣中正就任國民革命軍總司令，誓師北伐，同年 11 月克復南昌後，邀請吳忠信出任總司令部顧問，其後歷任江蘇省政府委員、淞滬警察廳廳長、建設委員會委員、河北編遣委員會主任委員等職。1929 年，因國家需要建設，前往歐美考察十個月。1931 年 2 月奉派為導淮委員會委員，同月監察院成立，又任監察委員。1932 年 3 月受任為安徽省政府主席，次年 5 月辭職獲准後，轉任軍事委員會南昌行營總參議。1935 年 4 月擔任貴州省政府主席，次年 4 月因胃腸病復發加以兩廣事變，呈請辭職，奉調為蒙藏委員會委員長。自此主掌邊政八年，期間曾親赴西藏主持達賴喇嘛坐床、前往蘭州致祭成吉思汗陵，並視察寧夏、青海及新疆等邊疆各地。1944 年 9 月調任新疆省政府主席兼保安司令，對內以綏撫為主，對外應付蘇聯及三區（伊犁、塔城、阿山）革命問題，1946 年 3 月辭任後，任國民政府委員，並當選第一屆國民大會代表。

1948 年 4 月，蔣中正當選行憲後第一任中華民國總統，敦聘吳忠信為總統府資政，復於該年年底委為總統府秘書長。1949 年 1 月 21 日蔣中正引退後，吳忠信堅辭秘書長職務，僅保留資政一職。上海易手之前，吳忠信舉家遷往台灣，被推為中國國民黨中央非常委員會

委員，並任中國銀行董事、中央銀行常務理事。1953
年7月起，擔任中央紀律委員會主任委員。1959年10
月，吳忠信腹瀉不止，誤以為腸胃痼疾發作，未加重
視。不久病情加劇，乃送至榮民總醫院，診療結果為肝
硬化，醫藥罔效，於該年12月16日辭世。

二、《吳忠信日記》的史料價值

　　吳忠信自1926年任國民革命軍總司令部顧問時開
始撰寫日記，至1959年辭世前為止，共有34年的日
記。其中1937、1938年日記存藏於香港，1941年年
底日軍佔領香港時未及攜出而焚毀，因而有兩年闕佚
（1942.3.15《吳忠信日記》）。

　　《吳忠信日記》部分內容，例如《西藏紀遊》、
《西藏紀要》以及《吳忠信主新日記》曾先後出版，披
露其在1933年經英印入藏辦理達賴喇嘛坐床大典以及
1944年出任新疆省政府主席之過程，其餘日記內容大
多未經公開。現在透過民國歷史文化學社的努力，將該
批日記現存部分，重新打字、校訂出版，以饗學界。這
批日記的出版，足以開拓民國史研究的新視角。

（一）蔣吳情誼

　　蔣中正與吳忠信的情誼在日記中處處可見。除眾所
周知的託其就近關照蔣緯國及姚冶誠一事外，蔣中正派
任吳忠信為地方首長的背後，也有藉信賴之人，安頓地
方、居間調處的考量。如吳忠信於1935年4月派為貴
州省政府主席，原以江南為實力基礎的南京國民政府，
得以將其力量延伸入西南，在當地推展教育與交通等基

礎建設，並透過吳忠信居間溝通協調南京與桂系關係，從日記中經常記述與桂系來人談話可見一斑。而薛岳此時以追剿為名，率中央軍進入貴州，在吳忠信與薛岳兩人通力合作之下，加強中央對貴州的掌控，為未來抗戰的後方準備奠立基礎。又如吳忠信於抗戰末期接掌新疆省務，以中央委派之姿取代盛世才為新疆省政府主席，一改「新疆王」盛世才當政時的高壓政策，採取懷柔態度，釋放羈押的漢、維人士，並派員宣撫南疆，圖使新疆親近中央，這都得是在蔣中正對吳忠信的高度信任下，才能主導的。當蔣中正於 1949 年 1 月下野，李宗仁代總統時，吳忠信居間穿梭蔣中正、李宗仁二人之間，由是可見吳忠信在二人心中的特殊地位。直至蔣中正於 1950 年 3 月 1 日「復行視事」，每個布局幾乎都有吳忠信的角色存在。

（二）蒙藏邊政

　　吳忠信長年擔任蒙藏委員會主任委員，關於邊疆問題的觀點與處置，也是《吳忠信日記》極具參考價值的部分。吳忠信掌理蒙藏委員會，恰於全面抗戰爆發前至抗戰末期，在邊政的處置上，期盼蒙、藏、維等邊疆少數民族能在日敵當前的情況下，親近中央、維持穩定。針對蒙藏，吳忠信各有安排，如將蒙古族珍視的成吉思汗陵墓遷移蘭州，以免日敵利用此一象徵的用心。對於藏政，則透過協助班禪移靈回藏（1937 年）、達賴坐床大典（1940 年 2 月）等重要活動，維護中央權威，避免西藏藉英國支持而逐漸脫離中央掌控。1940 年 5 月於拉薩設置蒙藏委員會駐藏辦事處是最成功的宣示，

力採「團結蒙古、安定西藏」的策略,穩定邊陲。吳忠信親身參與、接觸的人面廣泛,對於邊事的觀察與品評,值得讀者深思推敲。

(三)貫穿民國史的觀察

長達 34 年的《吳忠信日記》,貫穿了國民政府自北伐統一、訓政建國、抗日戰爭到國共內戰,以及政府遷台初期的幾個重要階段。透過吳忠信得以貼近觀察各階段的施政重心與處置辦法,以個人史或是生活史的角度,觀察黨政要員在這些動盪之中的處境、心境與動態。更能搭配其他同樣經歷人士的紀錄,相互佐證。

三、日記所見的個人特質

日記撰述,能見記主公私生活,從中探知其性格與思維,就日記的內容來分析,或許能得知吳忠信的個人特質。

(一)愛家重情

吳忠信的愛家與重情,有兩個層面,一是對於家族的關懷,一是對於鄉誼、政誼的看重。家人一直都是他的牽絆與記掛,他與正室王惟仁於 1906 年結婚,卻膝下無子。在惟仁的寬宏下,年四十迎娶側室湘君,1926 年初得長女馴叔,嘗到為人父的喜悅。爾後湘君又生長子申叔,使得吳家有後,但沒過多久,湘君竟因肺炎撒手人寰,年方二十五,使得吳忠信數日皆傷心欲絕,在日記中曾寫道:「自伊去後,時刻難忘。每一念及,不知所從。」(1932.12.31《吳忠信日記》)爾後吳忠信經常前往湘君墳上流連,一解思念之情。湘君故後,吳

忠信又迎娶麗君（後改名麗安），生了庸叔、光叔兩子。不過吳忠信與麗安感情不睦，經常爭執，在日記中多次記下此事的煩擾。吳忠信重視子女教育，抗戰勝利後，馴叔赴美求學，嫁給同樣赴美、專攻數量經濟學的林少宮，生下了外孫，讓吳忠信相當高興。1954 年，或因聽聞林少宮將攜家帶眷離美赴大陸，吳忠信並不贊成，不斷去函馴叔勸其留在美國，如果一定要離開，也務必來台。同年 8 月 6 日，吳忠信獲悉馴叔一家已經離開美國，不知所蹤，從此以後，日記鮮少提到這個疼愛的女兒。這一年年末在日記的總結寫道：「最煩神是子女問題，尤其家事真是一言難盡。」表現出心中的苦悶。

吳忠信相當看重安徽同鄉，安徽從政前輩中最敬重的要屬北京政府國務總理段祺瑞，兩人政治立場並不相容，但鄉誼仍重。吳忠信自段祺瑞移居上海後，經常從蘇州前往探望，段祺瑞身故時，也親往弔祭。對於同鄉後進，無論是在政界或是學界，多所關照，願意接見、培養或是推介，因此深為鄉里所敬重。如 1939 年在段祺瑞女婿奚東曙的引介下，會晤出身安徽舒城的孫立人，在當天的日記中寫道：「〔孫立人〕清華大學畢業後，赴美國學陸軍，八一三上海抗日之後，身負重傷，勇敢可佩。此人頭腦清楚，知識豐富，本省後起之秀。」（1939.9.28《吳忠信日記》）頗為欣賞。或許是命運的作弄，當 1955 年爆發郭廷亮匪諜案時，吳忠信恰為九人調查委員會的一員，於公不能不辦，但於私仍同情孫立人的處境，認為他「一生戎馬，功在黨國，得

此結果，內心之苦痛，可以想見，我亦不願多言，是非曲直留待歷史批評」。

吳忠信同樣在乎的還有政誼，盡力多方關照共事的同事。如羅良鑑不僅是他生活的良伴，也是與他同任安徽省政府委員的至交，兩人都在蘇州購地造園，經常往來。爾後，吳忠信主政安徽省、貴州省與蒙藏委員會時，羅良鑑都是他的左右手，離任蒙藏委員會時，更推薦羅良鑑繼任。1948 年 12 月 21 日，羅良鑑夫婦自上海前往香港，飛機失事罹難，隔年骨灰歸葬蘇州。吳忠信在蔣、李兩方居間穿梭繁忙之際，特地回到蘇州參加喪禮，深為數十年好友之失而悲痛，可看出吳忠信個人重情、真誠的一面。

（二）做人做事有志氣有宗旨

吳忠信曾經在 1939 年元旦的自勉中，自述「余以為做人做事，必有志氣，有宗旨，然後盡力以赴，始可有成。」另亦述及「自入同盟會、中華革命黨而迄于今，未敢稍渝此旨。至以處人論，則一秉真誠，不事欺飾，對於人我分際之間，亦嘗三致意焉。」這是他向來自持的。就與蔣中正的關係而論，自詡亦掌握此一原則，他在同日又記下：「余與蔣相處，民十五後可分三個階段，由十六年起至十八春出洋止，以革命黨同志精神處之；由十九年遊歐美歸國起至二十一年任安徽省主席以前止，則以朋友方式處之；由安徽主席起以至于今，則以部屬方式處之。比年服務中樞，余于本身職掌外，少所建議，于少數交遊外，少所往還，良以分際既殊，其相處之標準，不可不因之而異也。余在過去十二

年來，因持有上述之宗旨與標準，故對國事，如在滬、在平、在皖、在黔及目前之在蒙藏委員會，均能振刷調整，略有建樹，絲毫未之貽誤；對友人如過去之與蔣，雖交誼深厚，然他人則與之誤會叢生，而余仍能保持此種良好關係，感情日有增進，而毫無芥蒂。……即無論國家之情勢若何，當一本過去，對國竭其忠、對友竭其力，如此而已。概括言之：即「救國」、「助友」兩大方針是也。」

　　由此可知，在吳忠信待人之原則，必先確認兩人之關係，進而以身分為斷，調整相待之禮。他長時間服務公職，練就出一套為公不私的原則，經常在日記中自記用人、薦人之大公無私，此亦為其「救國」、「助友」之顯現，常以「天理、國法、人情」與來者共勉。

四、結語

　　吳忠信於公歷任軍政要職，於私是家族中的支柱。公私奔忙之餘，園藝之樂，或許才是他的最愛。他常在一手規劃的蘇州庭園裡，親自修剪、壅土，手植的紫藤、楓樹、柳樹、紅梅、白梅等在園中，隨著季節的變化而映放姿彩，園林美景是他內心的慰藉。吳忠信1949年回蘇州參加羅良鑑夫婦葬禮後，短暫地回到自宅園林，感嘆地寫道：「園中紅梅業已開散，白梅尚在開放，香味怡人。果能時局平定，余能常住此園以養殘年，余願足矣。」（1949.2.21《吳忠信日記》）可惜，這是他最後一次回到蘇州，之後再無重返機會，願與天違。

　　這份與民國史事有補闕作用的《吳忠信日記》並非全出於其個人手筆，部分內容為下屬或親屬經其口述謄寫而成。1940 年，他就提到：「余自入藏以來，身體時常不適，且事務紛繁，日記不時中斷，故託纕蘅兄代記，國書姪代繕。」（1940.1.23《吳忠信日記》）且在記述中，也有於當日日記之末，囑咐某一段落應增添某公文，或是某電文的文字，或可見其在撰述日記之時，便有日後公諸於世的預想。或許是如此，吳忠信在撰寫日記時，不乏為自己的行動辯白，或是對他人、事件之品評有所保留的情況，此或許是利用此份日記時須加以留意的地方。

編輯凡例

一、 本社出版吳忠信日記，起自 1926 年，終至 1959
　　 年，共 34 年。其中 1926 年日記為當年簡記，兼
　　 錄 1951 年補述版本；1937 年至 1938 年於太平洋
　　 戰爭爆發後，其家人逃離香港時焚毀，僅有補述
　　 版本。

二、 古字、罕用字、簡字、通同字，在不影響文意
　　 下，改以現行字標示。

三、 日記中原留空白部分，以□表示；難以辨識字
　　 體，以■表示。編註以【 】標示。

四、 作者於書寫時，人名、地名、譯名多有使用同音
　　 異字、近音字，落筆敘事，更可能有魯魚亥豕之
　　 失，為存其真，恕不一一標註、修改。但有少數
　　 人名不屬此類，為當事人改名者，如麗君改名麗
　　 安、曾小魯改名曾少魯等情形，特此說明。

目錄

1949 年（民國 38 年）　　66 歲

1月1日　星期六

　　今日之元旦，就國家當前各種危急情形觀之，為從來罕有如此悲慘之元旦也。余于上午十時天氣陰雲、微雨、風寒中參加謁陵典禮，蔣總裁親臨主持。謁陵後，再參加國府團拜，蔣總統領導，並發表元旦文告。大意云，惟有堅持自衛戰爭，始能爭取真正和平。和戰關鍵不在政府，只要共黨有和平誠意，政府開誠相見，和平果能實現，個人進退出處，絕不縈懷。如共黨仍作戰，則與周旋到底云云。此文告最明顯是政府誠意和平，蔣總統可以下野，國人期待和平，而和平之門已開，惟望全國人士一致呼籲和平，救民水火。余馨香禱祝和平成功，達成余出任總統府秘書長悲天憫人之目的。

1月2日　星期日

　　故友周淡游兄二公子天翔，與總統府軍務局長俞濟時兄女公子，于今日午後二時，在華僑招待所舉行結婚典禮，余親往道賀。午後七時應張岳軍兄晚餐，王陵基、盧漢等省主席在坐。

1月3日　星期一

　　上午九時參加中央紀念週，蔣總裁領導行禮。孫行政院（科）報告，過去軍事、政治之失敗，今後應該積極改革，如戰略、徵兵、徵糧等等，十分不準確，應從速切實改新，時急矣，不能再緩。午後二時接見新疆

朝漢志（阿剌伯）代表，他們要晉謁總統，請求回新旅費，及返新飛機。午後二時半接見西藏歡迎班禪轉世靈童回藏代表王羅階等。王主張靈童無條件入藏，而內地班禪教下羅桑堅贊等不以為然，因此王等即欲回藏，請發旅費。中央對于班禪轉世，主張合理合法，方可送靈童入藏。

1月4日　星期二

上午十時出席中央政治會議，通過行政院各部會政務次長、副委員長等案，以周昆田為蒙藏委員會副委員長，余十分歡慰。余在國民黨已四十三年（廿三歲入同盟會），皆取超然態度，既無私人組織，更無派系之分，一切以正義為依歸。因此固能減少人家反對，然影響個人進步甚大，至多年隨余辦事最得力人員，如曾小魯、周昆田等亦因之進步遲緩。今周升副委員長，余固十分歡喜，仍當一面為小魯等求進步。財政部長徐可亭兄招待晚餐，有四川、雲南、貴州、江蘇等省主席在坐。

1月5日　星期三

中共電台廣播拒絕和談，「澈底毀滅國民黨反動份子，及美帝國主義侵略之軍隊逐出中國」。這不是中共正式答復，但全國各地響應總統元旦文告及呼籲和平文電風起雲湧。雲南省政府主席盧漢摺呈總統，擬將省府廳、委局部改組，託余轉呈，嗣談及雲南地位重要，余勉其努力、勉其負責。

1 月 6 日　星期四

自任秘書長以來，每日見客甚多，都是為個人問題有所請求，託余轉達者。現在政治、經濟都已失敗，中產階級被打倒，農村破產，除少數豪門外，都是無以為生的苦人，確是社會重大問題。本晚（六日）七時孫院長哲生約余及王亮籌、陳立夫、張文白、吳鐵臣、邵力子談話，並便飯，至十時始散。所話仍關和平問題，擬請美、蘇、英、法諸國協助促成和平，此種舉措表示政府和平之誠意原則，決定由孫院長請示總統。

1 月 7 日　星期五

白健生兄約張岳軍兄往漢口談時局，張將于明日飛漢口。蔣總統晚八時約張及余與張文白晚餐，並談話。總統主張與桂派李、白等團結合作，囑岳軍本此意旨與白接洽。余于吃飯時間報告總統：

（1）外國人認為台灣係開羅會議宣言歸中國，但和約未簽訂，法案未具備。英國人說如中國政府遷至台灣，外國不能承認的。總統曰政府並無遷台之意。

（2）民社黨蔣勻田今日來見。據云他問美國大使，萬一和平不成，美國援助中國否？答曰須蔣總統下野。總統曰這是美大使館意見，不是美政府意見。

（3）張文白兄擬即返西北，總統想他與張岳軍一同赴漢。余曰可俟岳軍返京再定行止。總統曰很好。文白素來主張和平，假使此時離京，必定發生流

言，影響內部，所以余有此建議也。

晚餐甫畢，適孫院長哲生、吳副院長兼外交部長鐵臣來見總統，余等一同參加談話。首由孫院長報告昨晚余等研究請美、蘇、英、法四國協助促成和平，總統表示贊同，將由孫院長明日向行政院政務會議報告後，即由外交部吳部長分別面交備忘錄與四國大使。

1月8日　星期六

五院秘書長聯誼會，係總統府秘書長，與立法、行政、司法、監察、考試五院秘書長組成之，由總統府秘書長招集。今日上午十時為余到任後第一次招集會議，廣泛交換意見，並擬每星期四下午為開會之期。前台灣省主席魏道明兄，頃自台回京，來晤。據云他繼陳公俠主席紛亂台省局面之後，迄今地方得以平安，惟台灣情形特殊，望中央善為應付，勿再發生事端。晚八時偕文白兄訪副總統，因李副總統感覺時事維艱，倘蔣總統離職，恐難負此重任，託將此意代呈總統。余等勸李稍緩時日，蓋當張岳軍正赴漢晤白總司令建生之時，誠恐此時轉呈，發生誤會，乃至一波未平，一波又起。

1月9日　星期日

今日未出門，在家見客。有楊公達、張宗良、杭立武等廿餘人。

1月10日　星期一

中午十二時半，蔣總統招待德王及李守信等午餐，

余等作陪。餐後余與總統談話，大意：

（一）關于行政院換中央銀行總裁，經過府院權責問題（另有記載），余認現任俞總裁有不得不去之勢。

（二）台灣地位重要，接收時頗欠周詳，又經一次大紛亂，最近一年以來，始漸漸恢復。新任台省主席陳辭修，素來忠實、熱心、勤勞、廉節等等好的條件很多，他當此危急之秋負此重任，其成敗不但影響大局，尤其影響其個人。茲特供獻意見數點，以資參考，能否轉告陳主席，及其他省主席。

（1）收攬人心、安定地方。

（2）不可躁急、操切，不可求速功、速效。

（3）不須多出花樣，多訂計劃，即實心、實力、實地做事，不可言論宣傳。

（4）多方引用台灣學識素優，資望素孚之人士，參加政府工作。

（5）時時注意並點用人標準，治事方法不可僅憑熱情與個人之主觀。

（6）勤求己過，用人自輔。

最後余曰，無論辦什麼事，首先要使人不怕。回憶我到新疆任省主席時，我堅辭，總統曰「你去人家相信你，不怕你」，我纔奉命。現在西北尚有安全局面，就是人家相信，人家不怕之政治基礎。總裁對我意見數點，十分同情。

1月11日　星期二

華中總司令白建生，前因向中央建議主張和平，謠言風起，特約張岳軍赴漢口談話。張並順道赴湘晤程主任松雲。張昨日返京，據張云，此行結果甚佳。蔣總統特于本晚八時約余及張岳軍、吳鐵臣、張文白、王亮籌等晚餐。餐後交閱白氏上蔣親筆函，以及蔣復白函，均力主團結。白函強調只可備戰以言和，不可言和而忘戰。此一往來，謠言暫時平息，而根本問題，尚待解決。

1月12日　星期三

上午十時蔣總統囑余約李副總統談話，余準時偕李前往，計談一小時。李談中國局勢，注重國際變化，認為國共如能和平，美蘇如能量解，平分秋色，這是當前維持亞洲和平唯一辦法。否則蘇聯赤化中國，美國必積極武裝日本，這是于中、蘇兩國都是不利。蔣總統談話，注重內部團結，和戰固要團結，進退亦要團結（指蔣個人）。彼此談話甚為歡洽，此乃總統、副總統新年來第三次見面，余意他二人應該多見面，以免隔閡。

1月13日　星期四

上午九時出席中央常務會議。陳立夫兩次來訪，均以時間不夠，未及暢談，本晚八時再約晤談，計談二小時。他認為現階段一切都無辦法，力主總統下野。最近兩月來，淮北的徐蚌間經兩次大會戰，國軍唯一主力黃伯韜、黃維兩兵團，杜聿民所指揮李彌、邱清泉、孫元

良三個兵團，以上五個兵團約五十萬大軍先後消滅。再加昨年在東北、錦州、山東幾次大會戰，被消滅軍隊亦在五十萬。此百萬大軍，都是中央主力，大多是美國式武器，久經訓練，將領多是黃浦軍校出身，為何如此慘敗，如此大軍，古今罕有。確是指揮不當，以及人事未能合理備合之結果，再加政治、經濟之失敗，所以政府大有土崩瓦解之勢。現在淮河既撤守，改守長江，京滬佈防，如敵來攻，能否堅守，很是疑問，如和平成功，或可苟延。晚七時先後應張岳軍、朱騮先晚餐。張係招待西康省主席劉自乾，朱係招待李副總統、胡校長適之等。

1 月 14 日　星期五

上午九時出席中央執行委員、國民黨立、監委員談話會，仍由張岳軍報告赴武漢經過。下午三時半主持總統府各局、處、科長以上職員會議，討論疏散職員，以作萬一之準備。下午五時參加行政院孫院長茶會。據吳外交部報告邀請四國幫助中國促成和平事，英國復文謂為遵守中國一九四五年莫斯科宣言，不干涉中國內政，希望中國早日自求和平。美國答復感于過去政協會議美國調停之失敗，此次幫助和平，恐無結果。英、美如此，法國無足輕重，但看蘇聯如何耳。下午六時民社黨蔣勻田約呼籲和平之無黨派大學教授十餘人，及余與力子、文白、岳軍、雪艇、詠霓等晚餐，共商和平、促進和平。蔣總統七時半約余與立夫、雪艇、文白、岳軍等交換時局意見。惟見總統精神似有心思，余勸總統保

重身體，不必著急。各人都有意見發表，余曰我們政治
太失敗了，我們應以保全總裁尊嚴、保全革命實力為原
則，等待國際機會與國內機會。

1月15日　星期六

　　蔣總統元旦發表文告後，今日毛澤東發表時局聲
明，提出和平談判條件八項：

（一）懲辦戰犯。

（二）廢除現有憲法。

（三）廢除現有法統。

（四）依據民主原則，改編一切政府軍隊。

（五）沒收官僚資本。

（六）改革土地制度。

（七）廢除賣國條約。

（八）召開沒有反動份子參加的政治協商會議，成立
　　　民主聯合政府，接收國民黨政府及地方政府的
　　　一切權力。

中共願意和南京反動政府及其他地方政府、軍事集團，
在八大條件下進行和平談判。此項中共反響，可分兩方
面看。第一方面：

（一）對政府：面縛請降，聽受宰割，並施行分化，
　　　引誘各個投降。

（二）對國際：中國與民主國家建立之友誼關係根本
　　　消滅。

（三）充分表現共產黨對中國施行壟斷政權之陰謀。

另一面看：前三條無異要蔣總統下野，第四條對政府軍

隊只說改編，而非繳械，同時聲明願與現政府談和平，亦即承認以現政府為對手。故中共該項聲明，表面似甚嚴厲，實際已開和談之門。然而中共所提懲辦戰犯各節，實我國民黨自招之禍，此後本黨應當團結，否則知過不改，將死無葬身之地。余今午與文白兄赴李副總統處午膳，李表示中共既正式聲明願意進行和談，不妨與之談談。下午四時參加蔣總統官邸宣傳會報，決定將中共聲明提交中央政治會議研討，並徵詢各地方政府意見，對中共該項聲明暫緩答復。

1 月 16 日　星期日

　　今日雖星期日，仍未得休息。上午回看立法院長童冠賢等，並晤李副總統，轉告總統擬將共產黨答復八條通電各省及提明日中央政治會議。午後李副總統復來談，認為天津既已淪陷，北平孤立無援，終歸失敗，何如趁早令守軍自想辦法，與共方接洽改編，保全兵民生命。託將此意轉陳總統。京滬衛戍總司令湯恩伯來訪，我問他京滬防守情形以及士氣如何，他說有兩個軍尚未經過戰事，其他數軍都已使用不全，由前方調回，甚為疲困，即待休息補充。言下作戰能力不強。如此情形，總統迭次向我們表示確保京滬，尚屬疑問。晚七時半蔣總統招待友黨晚餐，計到民社黨張君勱、蔣勻田、青年黨左舜生等，余與力子、文白、雪艇、岳軍、立夫等作陪。席間研究共產黨答復八條，民社黨主張逐條答復，進一步談和平。青年黨則曰與共產黨談和平不能長久，此時應建新生力量，對總統下野一節，如係積極的前往

印度、歐洲（如英國）聯絡民主陣線是贊成的。邵力子
說明先總理數次下野之經過，蔣總統不以為然。王雪艇
說和平沒有希望的。

1月17日　星期一

　　上午九時出席中央紀念週，由余主席。交通部凌鴻
勛次長報告交通（包括鐵路、公路、水運、航空）。紀
念週後出席中央政治會議，討論時局，分析共黨聲明內
容，未得結果。定本週四再開會討論。午十二時，在老
寶新回教館招待西北軍政長官公署劉任參謀長，及甘寧
青來京代表等午餐。晚六時，孫院長約談共黨聲明，
均認必須總統決定和戰真確主張，推孫院長進謁總統
請示。

1月18日　星期二

　　午後四時十五分晉謁總統報告。

（一）關於疏散事，行政院各部會擬遷衡陽以南、曲
　　　江以北、柳州以東三角地區，立法院遷肇慶，
　　　考試院遷梧州，司法、監察二院遷中山縣。總
　　　統府遷何處，請示。總統答曰遷廣州。

（二）關於和戰問題，和平可以說是人人期望的，是
　　　當前唯一武器。果談和平，牽動總統去留問
　　　題。我以列寧用和平、麵包二口號打倒克倫斯
　　　基政府為比喻，如繼續戰爭，兵無鬥志、人民
　　　厭戰、經濟亦不許可，失敗成分多而勝利成分
　　　少。就政治言，必須和平，就革命精神言，作

戰到底再圖恢復很不容易。我結語，請總統務
要決定和戰，使同志們有所遵循。總統甚以為
然，而有意趨向和平一途。

（三）朱一民兄既命主政閩省，他願兼管軍事。總統曰
衢州綏靖公署遷福州，他任主任可矣。

1 月 19 日　星期三

　　晨間蔣總統來電話，囑余約李副總統十時到官邸談
話，遵時往。總統對李副總統表示應付共產黨聲明辦
法：總統至廣東，副總統在南京負和談之責。如和談開
始，總統即下野。李曰對於這件大事甚感惶恐，不敢擔
任，余應以總統意志為意志，總統要我如何即如何，可
否依憲法請行政院長代，三個月內召開國民大會，重新
選舉總統。蔣總統曰時間來不及，不可。余曰最早我等
與李副總統談過一個原則，就是總統出遊，由副總統行
使職權，萬一和平失敗，請總統回來作戰，現在應採用
此原則。蔣、李兩人認為合理。計談卅分鐘。李先退，
余繼續與蔣總統談話。蔣又表示或乾脆下野，由副總統
代理。下午一時，總統又召余往官邸，總統對於今晨與
李副總統談話內容，希望李暫時嚴守秘密，勿告他人。
午後四時余與哲生、鐵城、力子、文白、立夫至總統官
邸，由余將今晨總統與李副總統談話情形向各人說一
遍，總統囑各人對其進退兩辦法表示意見。該兩辦法，
一即總統至粵，和談開始，總統下野；二即總統乾脆下
野，由副總統代理。大家認為第一辦法不甚好，有主張
用第二辦法者。總統考慮後，決定用第二辦法，乾脆下

野。旋即根據此辦法，研究行政與軍事問題。行政院長
人選，大家意見仍請孫哲生擔任，孫表示辭意，惟大家
認為現在局面不要紊亂，仍以孫擔任好。軍事不另設機
構，仍由國防部負責，國防部長一職擬請何敬之擔任，
如何不願就，則請文白擔任。發表時間由總統決定。關
於總統下野與副總統代理之宣言，推定余與力子、岳軍
起草，並推余與文白、岳軍將談話情形徵取李副總統意
見。晚九時余與文白、岳軍會見李副總統。李堅決表示
甚無膽量擔任，仍推孫院長擔任。余乃謂李曰，倘汝不
擔任，法不許可，義不容辭。李始允擔任，並表示彼係
蔣總統部下，以總統意志為意志，一切唯總統之命是
從。關於行政、軍事問題，李甚贊成我等所議辦法，以
孫哲生擔任行政院長。余等與李副總統計談一時半之
久。時至今日，總統引退，由副總統代行職權一事，可
謂告一段落。果能從此和平成功，減少人民痛苦，庶不
負余等多日奔走也。今晨余與蔣總統談話時，余曾談及
孫立人抗戰有功，中外知名，應予重用，或先發表為台
灣警備副司令。總統答以將另任以他職。余又談及衛俊
如事，余曰衛氏純粹軍人，打仗固勇，惟帶政治性之事
則不行，彼在民十七年總統復職時曾出過力，此次因東
北失敗，在京被憲兵監視，不能下樓。總統謂我不知
道，衛立煌你認識最清楚。余曰此人將來交其數萬兵隊
作戰仍能。總統談及衛事時，態度非常好，衛案或可無
形中了結矣。

1 月 20 日　星期四

上午八時半訪邵力子兄徵詢起草宣言意見。九時偕文白、岳軍晤蔣總統，報告昨晚與李副總統談話經過。十時至總統府邀陳芷町、陶希聖二人授意起草宣言。午後六時，余親送宣言草稿與總統。今晨余向總統辭秘書長職。總統答以現在不能走。余謂余為人格與清議，不能不與總統共進退。總統仍未允准。晚上六時談話時，余重提此事，並以感情出之。總統仍表示在此青黃不接時候，余不能走。余憶去年十二月二十八日就職時，總統曾允余同退，今其不能，令余深為失望。

1 月 21 日　星期五

上午九時半訪李副總統。余告以余出任秘書長之始，即係短時性質，現既決定由汝接代總統，余於理應該幫忙。惟余任職不久，蔣總統即下野，外人當謂余勸蔣下野，如余留任，於人格不好，余不做秘書長，則可從旁多方幫忙。余深恐汝方接代總統而余即離去，對不起你，故不得不先行奉告。十時半赴總統官邸，總統出示引退文告修正稿，囑十二時半約李副總統同往謁談。十二時半，余與蔣總統、李副總統三人在總統官邸同閱蔣、李文告稿。李表示擁護總統之語，蔣總統對李亦頗多感情之言。蔣總統並謂，本日即離京，當時余請禮卿兄擔任秘書長，即為預備交你負責，請你代理之意。嗣余再面向兩人請辭秘書長職務，仍未獲同意。余表示決定俟交接手續完畢，即行離開，請兩人原諒。蔣總統於下午一時許召中央高級人員十餘人聚餐，余與李副總統

均參加。席間蔣總統宣示文告後，即偕李副總統與余至
辦公室，分別於總統、副總統文告上簽字，囑余於午後
五時發表。三時蔣總統復召集中常會臨時會議，各人對
總統文告意見頗多，辯論甚烈，最後略為修改。四時
十五分，蔣總統離京飛杭轉往奉化，余等均至機場送
行。晚間李副總統及哲生、岳軍、文白等邀余往晤，渠
等擬將已發表之總統文告字句再加修改。余大為不悅，
余謂總統文告既經總統親筆簽字，不能擅改，副總統文
告我可以不管。余言畢即辭出。旋李副總統及岳軍等又
邀余至岳軍家商量，即以長途電話向蔣總統請示，總統
答復可以照改，余乃同意。蓋此事雖小，未經總統自己
准許，余不能遷就。而渠等當時不提出，事後要修改，
亦可見其無能焉。

1月22日　星期六

　　上午八時與哲生、力子、鐵城等商酌李副總統代理
總統職務後之稱呼，決定根據憲法稱為代總統。十時偕
吳局長思豫迎接李代總統至總統府視事，由余代表蔣總
統交授璽印，並介紹總統府高級人員與李代總統見面。
下午二時半，李代總統邀余與文白、岳軍、力子在總統
府交換和談意見，決定以邵力子、張文白、黃季寬、彭
昭賢、鍾天心等五人為和平商談代表，並以邵力子為首
席代表。四時李代總統茶會招待各院部會首長，發表和
平意見。茶會後，行政院即假總統府舉行政務會議，正
式通過和談代表人選。查昨、今兩日為國民黨最大失敗
之紀念，亦本黨劃時代之一頁，諸同志經此慘痛教訓，

如能本固有革命精神三民主義，共同努力，事非不可為
也。余自去歲十二月二十八日擔任總統府秘書長，為時
雖僅二十餘日，迄今蔣總統已引退，李代總統已視事，
和談代表已派定，余之任務亦告一段落。決定俟總統府
交代手續辦理清楚，即赴滬休息。

1 月 23 日　星期日

　　晨約陳局長芷町商談總統府移交事，對於經費手
續，尤須特別辦理清楚。下午二時台灣省主席陳辭修兄
過訪，談台灣情形。渠希望余暫不辭去總統府秘書長職
務，並不離開南京，因南京未來政治環境需余料理之處
正多。余則盼其保養身體，以備今後更多貢獻國家。下
午四時參加孫院長官邸談話會，討論和談方案，到文
白、力子、鐵城等。決定三項：
（一）等待中央反響。
（二）擬定和談代表內部組織。
（三）合肥、明光我軍撤退，滁縣火車已不通，共軍似
　　　可迅速進迫浦口，政府準備遷移。

1 月 24 日　星期一

　　晨出席紀念週，李代總統報告。略謂政府對和平確
具誠意，希國人協力謀取解決。十一時開中政會議，交
換中共反響意見，並提議釋放政治犯。下午四時參加李
代總統雞尾酒會招待外賓。五時與李代總統、孫哲生、
吳鐵城三人商討時局，擬議二月十日政府遷粵辦公，並
通知各國使節，定明日下午五時作最後決定。今日余向

李代總統表示，蔣總統離京三日，所有交代事宜迄已辦
理清楚，應為汝辦理之事亦已辦，我任秘書長百分之百
不辦公，此余曾經向汝說過，現即請辭，今後當以總統
府資政地位幫忙。李謂你不幹，何人可幹。余答以現在
想不出。晚回訪北大校長胡適、清華校長梅貽琦。胡欲
辭資政，余謂現在不必。梅、胡兩人明日赴滬。關于衛
立煌弟（俊如）事，余迭向各方奔走代為說項，至現在
為止，監視之憲兵可以撤退，惟便衣探未能撤退。當局
仍主張衛移住台灣，衛以夫人病，及太夫人正在來京途
中，不能往台。

1月25日　星期二

　　上午晤李代總統，提出秘書長辭職文，大意：「此
次勉任本府秘書長，原係一時權宜之計，現新舊交接事
宜，大致業已就緒。忠信年老力衰，萬難再勝繁劇，務
懇准予辭去秘書長職務。」云云。因已迭次與代總統詳
細說明，故代總統無法挽留，只得將辭呈收下。余並作
臨別忠言，略謂過去二十多年，廣西與蔣先生之間，忽
冷、忽熱、忽合、忽裂，均是余從中斡旋，得以合作，
完成國家統一，抵抗日本。余老矣，今後望合作到底，
勿再發生誤會。李深表同情。午後到總統府作最後一次
處理公文，並以新總統府秘書長未發表以前，將我的私
章交其新派之第二局長黃雪邨，代為蓋章，實際上不再
問事。余任秘書長時間與短，但為和平，救人民之初
衷，其初步工作業有收獲，余心甚安。午後五時到孫院
長官邸，與于院長、徐國防部長、吳外交部長等談話，

作最後決定遷都問題。均以政府誠意和平，而共黨反應
距離太遠，且軍事已到長江沿岸，因此政府決定二月五
日移廣州辦公，一面通告外交團亦于二月五日遷廣州。
蓋自元旦蔣總統發表和平文告，共黨迄未有良好反應，
政府不得已移地辦公，在人心上說，這是于共黨之不
利。偕麗安、庸叔、光叔乘夜十一時車赴上海，下關車
站秩序非常紛擾，延至深夜二時始開車。

1 月 26 日　星期三

照平常乘車時間，南京來滬夜車，應于上午七時
十五分到滬。我們此次所乘夜車，沿途誤點，乃至午後
三時始抵上海站，這是從來稀有之誤點。其人心恐慌，
秩序紊亂，于此可見，良可慨也。

1 月 27 日　星期四

今日上午、下午都是接見中孚銀行高級同仁，都認
為生意清淡，維持開支很吃力。現在經濟崩潰，百業不
振，如能做出開支，已是好銀行。

1 月 28 日　星期五

訪陳光甫兄，暢論時局，人心恐慌，國共兩黨不易
合作，前途未可樂觀。本日陰曆大除夕，上海人仍是熱
烈忙年，大有不知國難當前，何麻木乃爾。

1 月 29 日　星期六　己丑年元旦

昨夜今朝，砲燭連天，通宵不斷。今日來余家拜年

客人甚多，整日不斷，余亦不能免俗，派文叔等回拜。
行政院秘書長端木鑄秋晚間來晤談，據云李代總統擬請
陳光甫兄等赴北平斡旋和平。就余觀察，恐亦無濟于
事，蓋兩方懷疑不除，則永無和平之望也。

1月30日　星期日

　　清晨陳光甫兄來晤，他認為赴北平奔走和平無把
握，不擬前往。余訪伍克家兄，于萬不得已時往香港，
關于我的住處，克家已電香港上海銀行代為準備，余心
感焉。前總統府第二局（管政務）陳芷町兄來訪。據云
蔣總統擬約他到溪口，他不願往，擬即日赴廣州料理家
眷，如蔣來催，託我代辭。現在政府既已決定遷移，並
已通知外交團，定于二月五日在廣州開辦公，這是行政
院堅決主張者，而李代總統以和平尚未決望，主緩遷。

1月31日　星期一

　　李代總統本日上午十時半由南京飛抵上海，余偕
光甫于十一時至中國銀行三樓與李見面。李此次來滬
有二事：

（1）擬與在滬行政院各部會長官會商，在和戰未定之
　　　先，應在南京成立聯合辦事處。李當即在中國銀
　　　行召集會議，意見紛紜，未能結束，仍維持原
　　　議，于本月五日，政府在廣州開始辦公，並請李
　　　代總統是日飛往廣州主持。蓋李代總統以為和平
　　　既未決望，似可緩遷，表示有和平之誠意。行政
　　　院孫院長等以為和平渺茫，南京已受威脅，就是

談和亦應早遷廣州，表示我方決心，則和談較易
進行也。

（2）李代總統擬請上海名流顏惠慶、陳光甫、章行嚴
　　　（士釗）、江庸、冷禦秋、梅貽琦、歐元懷等前
　　　往北平促進和平。彼等議論不一，有主可以前
　　　往、有主不能前往、有主從長考慮、有主要先得
　　　對方同意，結論即由李代總統電其北平代表，詢
　　　問共黨是否歡迎。

是則李氏此行兩個目的都未能圓滿。午後一時與李氏共
進午餐，同席有名流顏惠慶等十餘人。午後五時，李氏
飛回南京，余親往龍華機場送行。

2月1日　星期二

　　甘財政廳長李子欣來晤，以省主席郭寄嶠處境困難，不易應付，擬辭職。答曰張文白兄現已到蘭，一切自有辦法也。何敬之兄（應欽）因患痔疾，施用手術，未能出門，亟欲與余晤面。余特于午後四時往訪，適孫院長科、吳副院長鐵臣亦在何處，未能暢談。

2月2日　星期三

　　舊習慣今日初五日為財神日，大家接財神，自子時至辰時，仍是砲火連天。那知道戰區人民之痛苦，如此無知，大禍將臨彼等。昨日訪何敬之兄，既未能暢談，今日上午十時再往訪。余促何出任軍事，何認為此時正與共黨謀和平，如此時出任軍事，恐共黨誤會我方準備作戰。倘和平無望，決定擔任軍事，何又推張文白擔任軍事。答曰文白推重閣下。余又曰黨國鬧到如此之糟，你必須負艱難責任，我當盡力幫忙也。

2月3日　星期四

　　清晨七時半李代總統來電話，約余赴南京一談。遂即購飛機票，于午後三時到機場，待至五時半，因南京氣候惡劣，改于明日上午十時半再飛。現在總統府與行政院因遷移廣州之糾紛日漸尖銳化，更加監察、立法兩院長等亦同情總統府之主張，電孫院長回京，因此謠言行政院即將改組，人心頗感不安。余此次到京，當盡力調解。

2月4日　星期五

上午十一時由滬起飛，天氣清和，十二時半到南京。錢慕尹（大鈞）、韓楚箴（德勤）到機場迎接，下榻顧總參謀長祝同（墨三）家，因余原住徐府巷二號已撤銷矣。午後三時訪李代總統，有一小時半，談話大意：

（1）關于政府遷移廣州，孫院長今日已飛往，有關重要部會長官稍緩仍回南京，並擬請于監察院長右任、童立法院長冠賢即日飛廣州，約孫等將來一同來京。所謂府院遷粵之爭，至此告一段落。

（2）李代總統認為現在行政院不能應付當前局面，有改組意。余曰以現在時機不夠，準備亦不夠，如此時改組，發生糾紛，影響和戰。李以為然。

（3）李意內部如不堅強，和戰都無辦法，言語中對當前責任負之頗感吃力，有消極意。余加以安慰。

彼此相談，甚為歡洽。李託余往說于院長，四時五十分訪于院長，適童院長亦在坐。余強調時局危險，能合不能分，于院長遂允即日飛粵。當由余電李代總統，飭派飛機，擬六日起程。

2月5日　星期六

上午十時再訪李代總統。

（1）李認為行政院以改組為妥，似與昨日所談大有出入。余曰俟和平開議，雙方停戰，改組如何，最好等到和平無望再改組。李曰不管和戰如何，應從速改組。余曰茲事體大，須詳加考慮。

（2）李希望余往溪口晤蔣總裁（意在請示改組政
　　　院）。余曰當前尚無如此必要。

（3）李轉述于院長意，對于現在陝西負大責任胡宗南
　　　深為不然，主張將胡調來中央任陸軍總司令。余
　　　未表意見。囑余將此事告顧總參謀長。

2 月 6 日　星期日

上午邵力子兄過訪，談和談問題。關于共黨所提八
條之第一條戰犯問題，余以為蔣總統領導北伐與抗日，
功在國家，不應列為戰犯。至將來與共黨談判，中央與
地方制度問題，余曾主張採取舊奧匈聯邦，邵贊成，就
是中央聯治，地方分治。午後五時晤李代總統：

（1）據李云黃季寬（立委）、黃旭初（桂省主席）昨
　　　日到京，都主張內部意見必須一致，而白總司令
　　　建生致李函亦復如是。黃、黃、白三氏是桂派
　　　重心人物，他們如此主張，于和戰前途，良非
　　　淺鮮。

（2）李對改組行政院，前日態度可從緩，昨日態度趨
　　　積極，今日未提此事，希望孫院長能來南京。

（3）泛論外交要開新局面，軍隊要嚴整軍風紀，財政
　　　要有好辦法，尤其不滿中央銀行新舊兩總裁。

（4）李詢問邊疆情形，經余詳細說明。

即在李處晚餐，至八時半始散。

2 月 7 日　星期一

余素來做人、做事，是以「忠黨、愛國、幫朋友、

自已無所求、無所圖」為主旨。當此老年，更應如此，更應慣澈。

2月8日至10日　星期二至四

【缺】

2月11日　星期五

上午十時再晤李代總統。

（1）李云和平主張是不得已的辦法，是政略的，不能認為不忠實領袖。

（2）李云蔣先生既引退，要我（李）當家，就要相信我，如同下棋，既交我下，要聽我放手做去。

（3）李云共產黨分化我們內部，要各個擊破我們，壓迫我們離開美國。

（4）李曰他一面受共黨壓迫，一面受內部不一致之影響，處兩面夾攻，言下頗為憤慨。我仍請他忍耐。

（5）我告李，擬今夜車回滬，稍緩再來。李迭次請我赴溪口，代他向蔣先生說話，我恐蔣先生現正在野，不便有所表示，反使蔣先生為難，我更無法交代，所以未允即時赴溪口。果有必要，當然前往，但每次與李談話都摘要報告蔣先生。

此次應李代總統之約來京，住一星期，與李暢談五次。我所想說的話，都向李說過，他果能採納我的意見，前途還是光明。乘夜十一時臥車赴滬，上海銀行京行經理與我同行。

2 月 12 日　星期六

上午七時十分到滬。今日得到兩個朋友不好消息，一個是吳少祐兄，他于本月二日在香港法國醫院病故。一個是戴季陶兄，今日在廣州去世。他二人都是我最好朋友，我十分感痛。戴之死情形不明，有說服眠藥自殺，尚待調查。

2 月 13 日　星期日

訪何敬之兄，與他交換時局意見。因李代總統現在京頗感寂寞，何允下星期二赴京晤李。

2 月 14 日　星期一

上午到中孚辦公。午後三時半出席在滬中央執監委員坐談會，地點外灘上海市銀行。同人要我報告府院之爭，余簡說明，並無多大問題，其關鍵在當前立法院開會地點，不管在京開會，抑在粵開會，總以團結為目的。如其李代總統與孫院長能在京或在粵見面，則一切問題自然迎刃而解。

2 月 15 日　星期二

上午到羅志枚家。據其太太云，佶子先生夫婦骨灰前由港運滬，昨已轉運蘇州，日間即在蘇州下葬，余擬親往參加葬禮。晚六時民社黨金侯城、蔣勻田等四人，青年黨左舜生、林可磯等四人，在國際飯店招待國民黨余與童冠賢、張道藩七人晚餐。認為時機危急，表示三黨團結，余亦簡單致詞。

2月16日　星期三

整理日記及書信。到中孚銀行。

2月17日　星期四

訪左舜生、蔣勻田等。金圓券使用範圍日小，而發行日多，社會不相信，物價飛漲，經濟前途，不堪設想，這是當前最重問題。

2月18日　星期五

張道藩兄日前赴溪口晉謁蔣總裁，今午回滬。據云：
（1）山西綏靖主任閻百川（錫山）昨日上午飛抵溪口謁蔣，調停內部。主張總統府與行政院須遵守憲法及國民黨中央政治會議之規定，以解當前府院之爭，並主張以何敬之（應欽）為院長，改組行政院。聞蔣同意。
（2）閻當即乘原機飛回南京。何敬之昨日午後飛溪口謁蔣。蔣表示，府院應遵守憲法及中央政治會議之規定。何表示改組行政院。蔣答此事應由李代總統決定。對何出任院長，未有明白表示。
（3）蔣與何等談話時，都主張余出任中央政治會議秘書長。
就張氏所言，內部僵局或可打開，能否改組行政院，尚屬疑問。至余出任中政秘長，尚須詳加考慮也。

2月19日　星期六

羅佶子先生夫婦前在香港墜機慘死，骨灰已運抵蘇

州，將安葬于葑門外安樂園公墓。余特于今晨偕麗安回
蘇，參加喪禮。

2月20日　星期日

上午九時到對門羅家，向佰子先生夫婦骨灰及遺像
行最敬禮，追念數十年之交情，感痛良深。旋偕其弟公
陶兄等，往安樂園察看其墓穴，並拜故人伍伯穀先生墓
及湘君墓。白總司令建生現由漢來京，晚間來電話，約
赴京面談。

2月21日　星期一

今日陰雨。園中紅梅業已開散，白梅尚在開放，香
味怡人。果能時局平定，余能常住此園以養殘年，余願
足矣。

2月22日　星期二

羅佰子先生夫婦明日下葬，本擬參加葬禮，因與白
建生總司令等約定明日赴京見面，故于今晨九時四十分
車赴滬。至羅之葬禮，託叔仁、和仁等代表參加。

2月23日　星期三

乘上午八時車赴南京，午後一時半到和平門下車。
張文白兄到車站迎接，即同車到張家午飯。張昨日由蘭
州飛抵南京，伊此來仍為和平，其熱誠可佩。午後三時
訪白總司令健生，談安定大局之計。他主張行政院局
部改組，適合時宜，余十分贊成。又訪何敬之兄，他本

有任行政院長呼聲，果孫哲生辭院長，以何繼任最為相宜，如局部改組，以何任國防部長亦是適當人選。蓋何性情和平，得人同情。仍下榻顧參謀總長公館。

2月24日　星期四

白健生兄約余與張文白、黃季寬三人午飯。黃主即時改組行政院，余與文白贊成白之局部改組。計談二小時又卅分之久，未得結論，等待李代總統日間回京再行研討（代總統日前赴廣州，轉赴桂林）。何敬之兄午後過訪，仍談當前政治問題。晚間張文白兄過談，他和平信念甚堅，個人不想目前赴實際政治之責。張近年政治思想似甚進步。

2月25日　星期五

李代總統日前南巡（兩廣、兩湖）。今日午後三時飛回南京，余與白健生、顧墨三等親到機場歡迎。當前有幾個問題即待解決：

一、府院之糾紛。

二、立法院開會地點、時間之糾紛，稍一不慎，演成廣州、南京兩地開會，則影響大局，大堪設想。余勸立法委員應以國事為重，一致團結，以挽危局。

三、和談大計。

2月26日　星期六

李代總統約余與居覺生、于右任、何敬之、張文白、黃季寬于上午十時在官邸談話，並午餐。其談話

大意：

一、李代總統報告此次南巡經過，認為廣東地方治安可
　　慮，廣東並不歡迎政府遷到廣州。

二、李代總統以現在軍事、政治腐敗，必需整理刷新，
　　方可言和戰。

三、李曰立法院日間開會，倘不滿意，行政院如何應
　　付。居先生答曰聽其自然。于先生贊成。李又曰
　　萬一改組，以何人為院長。居曰以何敬之（應欽）
　　最好。

四、余曰現在總統府、行政院、立法院應將權限分清，
　　方可免去當前之糾紛。蓋民主國家重法律，就是法
　　治，我們當前必定要謀團結，必定要從黨內團結，
　　做到以黨指導黨員，以中央政治會議調洽總統府與
　　各院。居先生主張應以立法院為重心。余曰如此
　　黨可以停止活運。居曰不然。我二人意見不同，當
　　前時局如此危險，政府如同一盤散沙，各行其是。
　　國民黨近年二十年執政，因未能實行主義而失敗，
　　而目前只有黨的道路或可謀一時之團結。居先生主
　　張以立院為重心，不但不能團結，反而增加各方紛
　　擾，增加問題。

2 月 27 日　星期日

　　訪何敬之兄，以現在時局，何必需出山擔任要職。
何很多顧慮，何懇切表示為做人做事計，無論任何種職
務，必定要得蔣先生許可，方可受命。何氏此種識大體
之表示，殊堪敬佩，余表示從旁幫助，即在何家午飯。

滬和平代表團顏惠慶、邵力子、章士釗、江庸四代表等一行，于昨日下午二時半由北平飛抵南京，發表書面談話。其結語，和談前途，雖困難尚多，而希望甚大云云。余親往機場歡迎四代表。晚七時，李代總統在總統府招待四代表晚餐，余參加作陪。

2月28日　星期一

上午十一時，李代總統約見面。李告余，據四位和平代表報告，中共已同意與政府進行和談，共方代表人選正在考慮中，和平談判即將三月中旬在北平或石家莊開始（以上的話是共黨領袖毛澤東所說的）。我方代表要增派與補充。余曰你可先約已經派定張、邵、黃諸代表研究云云。李代總統向主和平，因和平已露曙光，言語中甚愉快。

3 月 1 日　星期二

　　李代總統于下午五時，約余與于右任、居覺生、孫哲生等十數人到其官邸，聽取和平代表邵力子兄報告在北方與中共接洽之詳細經過。認為事體重大，須詳加研究，指定余與邵力子、張文白、張岳軍、何敬之、朱騮先、吳鐵臣、鍾天心、劉維章、孫哲生十人商談和平方案，由孫哲生召集。又推余為政府和平代表，余堅辭，蓋此種事非余之性質所可擔任者也。

3 月 2 日　星期三

　　何敬之兄昨、今兩日均向余表示上海、南京是非太多，不易居處，擬赴西康、西北等邊區旅行。決與蔣總統共進退，如總統他往，他可隨行，託余將此意轉呈蔣總統。就余觀察，他的處境甚為困難。午後五時孫院長哲生在其官邸召集余等十人商談和平方案。以毛澤東所提八項原則，第一項懲辦戰犯、二項廢除憲法、四項改編軍隊，最難商談是以上數項。在內戰有何戰犯之可言，何況國民黨尚有十八省地盤，共黨未能全面佔領，尚有三百軍隊，共黨未能繳械乎。遂推三人小組起草方案。因明日將偕張文白兄赴溪口晉謁蔣總統，特于晚八時訪李代總統及白總司令（崇禧）。他們認為蔣既已引退，幕後指揮，有所不當，希望蔣先生暫時出洋。答曰我在蘇州有地數畝，所有樹木、房屋都是我親自種植與監造，但在抗日期間，深陷敵手，我時時掛念，偶有人來至後方，我總要問問我園中樹木房屋情形。其不能忘情有如此者，亦人情之常也。何況蔣總

統執政廿餘年，所有軍隊等等都是一手創造，今引退甫
月餘，一切手續尚待結束，門生故舊滿天。其不能忘
情，較我不能忘情園林，當有過之無不及，應該如何使
他安心、使他放心。至出洋遊覽一層，他既引退為中國
公民，在國內任何地方有居住自由權，非他人可以干預
者，如過分使其難堪，他決不接受，反易生事端。李、
白深以我言理由準確，表示同意。

3月3日　星期四

　　余與張文白兄乘追雲號專機，于上午十時四十分由
京起飛，氣候甚佳。十二時卅分于甯波飛機場降落，蔣
總統公子經國、孫孝文來迎，改乘汽車至溪口蔣總統故
里老宅午餐。蔣總統近日正在雪竇寺山中休息，午餐後
經國陪同上山，乘轎行一小時，到達山中風景幽美之妙
高台，蔣總統即住此處。我等當即見面，表示此來問好
之意，並報告時局。計談二小時，我等即下榻總統所居
之妙高台。今日落雨，山中寒冷，須生火。與總統共進
晚餐後，談行政院問題，以孫哲生決難再做下去，萬一
改組，恐李代總統將提名何應欽兄。蔣曰何可任副院長
兼國防部長，蓋以當前有經濟、和談、外交諸大困難問
題，恐何不易應付，尤以我們自家人去接孫閣，道義上
亦有不當。至院長人選，應由李代總統決定，但必須通
過中央常務會議云云。談及府院之爭、黨政之爭問題，
總裁曰可照閻百川先生與李代總統二月篠日已經商定之
辦法，實行憲法上府院職權及黨的政治會議職權，今後
一切黨政一本府院及政治會議之機構決定之。總裁要我

任中央政治會議秘書長，我表示接受。

3 月 4 日　星期五

　　晨九時與蔣總裁在松樹下共進早餐，順便閒談。大意為：

（一）回憶民十六年曾在溪口時談話，軍校學生只營、團長地位，而能以之打到長江，再過數年，其地位日高，事業更無限量。事隔廿餘年，他們地位已至兵團司令，為何現至如此大失敗，彼此嘆惜。

（二）我曰總統雖引退，以黨的總裁地位，可以指導從政黨員。這是政黨一般慣例，但社會上製造反對謠言，說總裁在幕後指揮。總裁曰你們未來之先，合眾社造謠說前次勸蔣總統下野諸領袖，將到溪口勸蔣總統出洋，以免阻擾和平。我（蔣）決不出洋，我既引退，是一個平民，有居住自由權。

（三）中、中、交、農四銀行當事人太脆弱，不能維持下去，我任中國銀行董事已十年，深知此中情形。蔣曰中國銀行董事長宋漢章，已接到共產黨通知，不准移動。我曰宋老矣，萬一有事，不能應付，交通銀行錢董事長情形較好。蔣曰亦不行。

十時半遊山，計有總裁與我，及張文白、李惟果、蔣經國一行五人。先下山，觀千丈岩瀑布，再觀隱潭瀑布，即在該處野餐，並攝影以留紀念。此瀑布連此次我過看

三次。至午後三時半始返抵妙高台寓所，與總裁共進晚餐後閒談：

（一）要我任中央政治會議秘書長，我只能運用及決定大的政策，因要常在南京，必須有一副秘書長負實際辦事之責，常駐廣州（中央黨部在廣州）。總裁曰副秘書長以何人為宜。我曰請派。

（二）談團結。我曰此次來溪口晉謁，主要的事是謀團結。自總統引退之後，一遇事件，群龍無首，遺誤事機，且意見紛紜，退一步說，就是大家團結，應付危局已屬不易，何況不團結乎。大致情形昨日已經說過，今晚特重申此意，我們必須先由小團結走到大團結。所謂小團結，由黃浦軍校教官、學生先行團結，然後與桂系等謀大團結，黨團興衰在此一舉。何敬之是總裁老部下，總裁知之甚深，他迭次向我表示擁護之誠，與總裁共進退，非有總裁允許，決不擔任一切政府工作。何敬之、陳辭修二人過去意見雖有不同，但陳較何年青，應該先向何表示好感，這是與辭修有益的。

（三）談黨事。我曰國民黨為何失敗，因未能實行三民主義與發揚先烈流血精神，今主義與精神尚在，是復興寶貝，如能照此二者邁進，則前途光明，指顧間耳。總裁深以為然。因此總裁應繼續領導國民黨革命工作，注視黨的改革，加強黨的組織，恢復黨的革命精神。總裁曰研究辦法，下次再談。

3 月 5 日　星期六

　　昨夜落雨，氣候轉寒，總裁清早命用人將我所住房間生火，此種小事都能顧慮，實令我無限感佩。與總裁共進早餐後，談外交。文白曰此次失敗，可以說是外交失敗，當前外交應採美、蘇並重政策。總裁曰要立外交基礎，將來要建立日本外交基礎，先總理政策如此。過去日本太糊塗，美國不知中國國情，英國反對中國強勝，今後一切事業，都要從立基礎做起，不一定要在個人手中成功，而為後來人開道路。午飯後閒談，文白曰經國最好辦黨，取超然態度，聯繫各方。余曰他前在上海處理經濟，他是盡責任，可惜他方面不能同一步調，經國雖有功，反而遭人批評，用他們年青人如同用新兵，作戰不能當正面的。午後總裁偕余等遊雪竇寺。晚飯後又有談話，先談宗教，後談自然學說，又談應與李代總統所領之桂派合作之重要。我舉收復新疆之例，我於卅一年奉命赴新，當時新疆有蘇聯勢力、盛世才及中央勢力，中央勢力最小，我認為要聯盛世才，方可應付蘇聯。我首先向盛表示，你（盛）在新疆十多年，一人奮鬥，保全領土，功在國家，今後新疆請你全權負責。你須要中央幫忙，中央在可能範圍一定替你幫忙，如不需要中央幫忙，中央決定不來的，我這話是代表中央與蔣委員長負責向你說的。盛氏聞之，頗為釋然（就是使盛安心）。後來中央即照我說的話去辦。至卅三年盛氏將蘇聯勢力完全逐出新疆，中央派我接收新疆，這是我們政策成功。現在形勢與卅一年新疆形勢很有相同，有黃浦、桂系、中共三個勢力，我們應該與桂系合作，與

中共備戰言和，如果我們不合作，必定同歸於盡。總裁
曰很對的，就照這樣辦。

3月6日　星期日

　　昨日天落雨，今日轉晴。晨起赴戶外散步，腹瀉嘔
吐，臥床一日，至晚起床。晚餐後與總裁、文白、王東
原（王是今日來山）研究時局，決定要辦到內部團結。
我與文白即日回京疏解桂系，總裁決以在野之身幫助桂
系。現在與桂系距離太遠，務使改變作風，共挽危局。
我此次在雪竇寺山中，與蔣總裁同居妙高台寓所。房屋
計三上三下小樓房一所，樓上三間總裁自用，一間臥
室、一間辦公、一間餐食。總裁請我在樓上居住，照料
十分週到。既與總裁食住都在一處，朝夕相見，隨時接
談。我將平日想說的盡量說出，所謂知無不言、言無不
盡，總期救民於水火，安定民生，多承總裁採納，彼此
快慰。

3月7日　星期一

　　今日余漸復健康。上午十一時，余與文白、東原隨
同總裁至距雪竇寺十五里之徐鳧岩看瀑布。余曾先後到
雪竇寺三次，曾兩次欲遊該處，均因故至中途而返，今
始得償宿願。至十二時至徐鳧岩，該瀑布約在四分之
一處，懸空而下，又分兩條，如帶形，隨風飛舞，這是
瀑布中罕見之奇景也。在此野餐，在此照相很多，余與
總裁二人合照一張，以留紀念。即由此赴溪口，先乘轎
二十里，至亭下，改乘竹筏至溪口，已六時矣。總裁親

送我們至五嶺學校小洋房住地，他本人往蔣母墳莊居住。余等晚間在五嶺學校觀劇，至十一時方散。

3月8日　星期二

午十二時總裁約我與文白至墳莊談話，並午飯。我等準時前往，先拜蔣母墓，午飯後談黨務改革。彼此認為值此非常危急時期，主張組織本黨非常委員會，總裁囑文白起草方案。午後四時半，李代總統由南京來電話，云孫科行政院長辭職，立法院同人希望於何應欽、顧孟餘、閻錫山、居正、吳鐵城五人中擇一繼任，託我代為請示總裁。我當即請示，總裁表示無意見。我擬明日再與總裁面談，因茲事體大，不得不慎重考慮也。

3月9日　星期三

上午十時卅分晉謁總裁談話：

（1）關於改組行政院，余曰李代總統既來請示，充分表示尊重，應該比較圓滿答復。總裁因認為有關和戰大局，孫院長既不能繼續擔任，可以副院長吳鐵城代理院長，局部改組。以何應欽任國防部長，或吳鐵城正院長，何以副院長兼國防部長。如以何任行政院長，深恐不易應付危局，反要吃虧。此種情形，不便向李代總統報告，共商結果，由我電話李代總統，略謂你昨日電話擬以何、顧、閻、居、吳五人中擇一任行政院長，總裁無意見，請代總統斟酌辦理，但須依照貫例，先提本黨中常會云云。改組政院關係重大，我們

明日回京，可否等我們面商後再提人選。

（2）總裁對文白所擬組織非常委員會方案大致贊成，
擬日內約重要幹部數人先行研究。

（3）關於白總司令崇禧擬晉謁總裁，總裁答曰可以
見面，應由我們先與談話（如團結及化除意見
等等），然後再約見面。時間與地點大約清明
節後。

（4）我擬以這幾句話告李代總統、白總司令，總裁決
定五年不問政治，他以在野之身幫助李代總統成
功，即是黨的成功，李代總統是黨中幹部，要
擁護總裁，接受總裁指導。總裁曰可以，果能如
此，黨國之幸也。

（5）關於和談代表，我表示不願擔任。總裁曰你與張
岳軍二人都不必擔任，岳軍亦不會擔任的。

共進午餐後，總裁陪我們遊覽奉化城，並拜故人周淡遊
先生墓。何應欽兄由杭州來電話，不願以行政院副院長
兼國防部長。此與總裁意見相左，我們與總裁共進晚餐
時，順便報告何來電云云，總裁仍執前議。我們擬明日
飛京，並擬經過杭州晤何。

3月10日　星期四

我詳加考慮何敬之（應欽）之出處，有關大局甚
鉅。就各方情形觀之，不但呼聲最高，而且確有可能。
如李代總統提何為院長，總裁不同意，對李、何感情大
為不利。所以我與文白于上午九時再謁總裁辭行，再談
何氏出處，分析利害。總裁答曰為愛護敬之，所以要他

任副院長，何任院長兼國防部亦是可以的。談畢，總裁
親自送我們到甯波飛機場，十一時廿分起飛，午後一時
到京（我等原擬經過杭州訪何應欽兄，因該處天氣不
佳，致未降落）。二時偕文白與李代總統、白總司令見
面，說明此次在溪口之經過，及蔣總裁幫助代總統之誠
意（即昨日向總裁請示告李、白之一段話）。李代總統
擬提何敬之為行政院長，我說總裁是贊成的，代總統請
我們明日赴杭州勸駕。李提何為行政院長，果不出我所
料，如此蔣、李、何三氏感情大大進步，亦就是團結大
大表現，誠不負吾人溪口之行也。

3 月 11 日　星期五

　　李代總統派余與張文白、白健生、顧墨三四人赴杭
州，促請何敬之（應欽）兄來京組閣。吾人於本日上午
九時廿分乘美齡號飛機，由京起飛，十時半飛抵筧橋機
場。下機後即至葛嶺山麓湯公館拜會何氏，吾人以國
難嚴重，義不容辭，促何氏出任艱鉅。何氏堅決表示拒
絕，吾人多方勸駕，態度始有轉變。何氏提出如何開誠
謀和、如何縮編軍隊、如何穩定國內經濟等重大問題，
經吾人反復研究後，至晚八時，何氏始決定勉力一試，
並強調建立制度、劃分權限，以免過去府院之爭。即推
我由電話報告李代總統。吾人勸駕任務完成，公私快
慰。又何氏對蔣總裁之信任有所顧慮，我負責聲明說總
裁信任如恆，即有問題，負責代為疏解，何因是釋然，
此乃促成何氏出山最大因素。今日為敬之兄六十大壽前
夕，賀客盈門，吾人參加祝賀，共進晚餐，賓主大歡。

3月12日　星期六

吾四人清晨為何祝壽，共進早餐。于十一時卅分仍乘美齡號專機返京，十二時卅五分抵京。適李代總統招待中央常委午餐，席間報告提名何應欽任行政院長，徵詢意見，出席委員一致贊成，代總統並已電廣州中央黨部，請求同意云云。午後以二○九票多數票獲得立法院同意。何氏為行憲後第三屆行政院長，李代總統即於本晚發表任命。何氏此次出而組閣，輿情之洽為歷屆出長行政院者所望塵莫及，不過時世艱難，何氏責任格外重大。

3月13日　星期日

今日接晤陳伯南、翁詠霓、楊嘯天、黃應乾諸君。午十一時李代總統約我便飯，余順便表示現在政治複雜，非比從前簡單，我本忠黨愛國之精神，奔走團結，共赴國難。我說話太直，難免使人誤會，我們二人歷史攸久，交誼非淺，或有不週之處，你勿介意。李說絕對沒有的。我所以如此聲明者，預防有人從中暗傷之故也。

3月14日　星期一

現待新行政院長何敬之兄到京晤面後，即擬回滬休息。朱騮先約陳伯南晚餐，我作陪。陳發表海南島行政長官兼建省委員會主任，陳對於建設頗具信心，他與我感情素好。

3月15日　星期二

　　張文白兄約陳伯南兄午餐，我作陪。午後二時半，新行政院長何應欽兄由滬抵京，我與文白、力子先生至何宅候晤。稍頃何氏到，李代總統亦趕到。我等五人談新閣人選，以及組閣諸事務，很感粥身僧多，不易分配。密談兩小時，未得結果。何氏對蔣總裁表示曰，我們政府如同公司，我們是小股東，蔣總裁是大股東，蔣現在不做董事長，改李代總統做董事長，蔣還是大股東，但公司有大事，必定要問問大股東，這是當然道理云云。我認為何氏此等表示異常得體，所謂蔣、何之間，過去雖小有誤會，至此一掃而光。

3月16日　星期三

　　白總司令即將返武漢防地，約我與文白午飯，閩主席朱一民、台主席陳辭修臨時趕到，一同進餐。余報告溪口之行經過，及主張團結之動機，其結語謀內部團結與共黨談和，以達到安定民主之目的。何新行政院長請我任行政院副院長，意極誠懇，我堅辭。午後何氏請我商談閣員名單，稍有結果，晚間繼續商討，得到局部決定。惟因立法院通過歸併部會，如農林、水利、工商、資源四部會改為一經濟部，機構龐大，運用不易，部長人選亦屬不易，擬請立法院復議，因此內閣全部名單之公佈勢必稍緩。至夜十二時始散。

3月17日　星期四

　　今日農曆二月十八日，是我六十六歲生日，年年生

日年年老，民不聊生豈奈何。午後五時再應新何院長約，商談內閣人選，名單大致決定，惟內政、教育兩部長尚未具體解決。而外交部長本擬調駐蘇大使傅秉常兄擔任，以邵力子為駐蘇大使，以達美、蘇並重外交政策，但有人不以為然，勢將動搖，此與負責和談之張文白兄主張大有出入。何院長託我將草擬名單先詢李代總統意見，李氏大體贊同。外交部長一席，李贊成傅秉常。即與代總統共進晚餐，並談近幾日謠言好轉，代總統表示擁護蔣總裁，並擬晉謁總裁報告一切，擬日內再約我與文白細談。晚間與陳主席辭修談話，我將最近團結情形向彼說明，他很明白大勢，我勸他保重身體，他表示謝意，我勸他對何院長表示好感與團結，他欣然接受。計談一小時之久。

3月18日　星期五

李崇年兄今晨由滬來京，報告中孚銀行開支尚可維持。何院長擬提端木文俠兄擔任交通部長，我十分贊成。端木係何的老部下，今任部長，更為相宜。我本推葉元龍兄任工商部長，今該部歸併經濟部，立法院不能復議恢復，則元龍長工商部希望已成過去。至元龍任教育部長，以他才能可以勝任，但現在教育環境惡劣，似有從長考慮之必要。午十二時半，張文白約朱逸民、陳辭修、王陵基三省主席及重慶市長楊森等午餐，請我作陪，賓主甚歡。

3 月 19 日　星期六

　　行政院部會長官名單仍未能擬定，何院長午後六時再約我等研究。因時局艱危，何氏邀約知名之士，截至本日止，幾什之九均已婉謝，而願與跳火坑，資格較低人才，又不合何氏理想。何院長過於謹慎忠厚，選擇過嚴，動輒過甚，致新內閣遲遲不能組成。頃又經二小時之商討，雖得到部份解決，但早經決定之重要外交、財政、國防三部發生疑問。蓋外交部長原擬調駐蘇大使傅秉常擔任，今恐美國誤會我國親蘇，有改現外交次長葉公超之意。財政部長原擬由徐堪蟬聯，今則以徐財政政策不當，有改現中央銀行總裁劉攻芸接任之意。國防部長原擬何院長自兼，今則仍以現任國防部長徐永昌蟬聯。此外昨日擬以端木文俠任交通，今又改變，擬用他人。似此情形，正如俗語「路旁築室，三年不成」。

3 月 20 日　星期日

　　上午十時再應何院長約，商閣員名單，仍是談外交、財政兩部長事。我們認為供獻已多，此事已至最後階段，請何院長與李代總統面商決定。現在既與共黨言和，如以傅秉常任外交，可表示對蘇外交政策轉變，對共黨誠意謀和，且傅是美國留學，不致誤會，故我贊成傅秉常長外交。至徐堪與劉攻芸二人財政主張稍有不同，徐堪以經濟危急，主使用生金銀以解救，但萬一現存生金銀于三個月內用完，又將如何。劉攻芸主張生金銀、鈔票並用，可維持一較長時間，但此辦法難以穩定物價。他二人辦法，皆非財政根本辦法，這是新閣唯

一困難，奈何。交通部長一席，余仍主張以端木傑兄
擔任。

3月21日　星期一

　　新內閣名單今午決定，已電告廣州中央黨部。午後
四時，李代總統招待我等在京中央常委及中政會委員廿
餘人茶會，由何院長報告閣員人選之經過，並徵求各委
員意見。當經全體出席委員無異議通過，李代總統立即
發表命令。茲將閣員名單附黏於後。

新內閣名單　本報南京二十一日電

何應欽氏新閣名單：

副院長	賈景德
內政部長	李漢魂
外交部長	傅秉常
國防部長	徐永昌
財政部長	劉攻芸
經濟部長	孫越崎
交通部長	端木傑
教育部長	杭立武
司法行政部長	張知本
蒙藏委員會	白雲梯
僑務委員會	戴愧生
秘書長	黃少谷
副秘書長	倪炯聲
政務委員	張　羣、張治中、朱家驊、

莫德惠、賀耀組

另兩名由民、青兩黨將來提名

行政院既已改組成功，吾人幫助之任務完畢，擬明日回
滬。本日兩次訪何院長，何堅留再住數日，我允稍緩再
來。午後四時我與文白訪李代總統，仍談團結、和平兩
大問題。此次在京來訪友人甚多，今日特分別回拜。晚
間與陳辭修、朱一民、顧墨三、蔣銘三等暢談，仍強調
加強團結乃當前要務。

3 月 22 日　星期二

　　【無記載】

3 月 23 日　星期三

　　乘上午八時半車離京，午後二時半至滬。自上月廿
三赴京，至今日回滬，經過一個月時間之奔走，得將
蔣、李、何三人意見融合一致，組成何閣，充分表現團
結精神。希望從此團結愈臻堅固，以利與中共談和，達
到我平素主張之謀團結、談和平、安定民生之目的。我
個人雖無所企圖，僅求救國救民，但或難免召人疑忌與
不滿。此乃社會一種不可避免之常理，我求我知，心安
足矣。從三月三日起至今日止日記，我因事忙，臨時另
紙草草記載，茲令文叔代抄。

3 月 24 日　星期四

　　到中孚銀行辦公，並接見賓客甚多。午後蔣經國來

電話，蔣先生約我到溪口談話，擬後日（廿六）前往。

3月25日　星期五

中孚銀行副董事長孫章甫兄今日由台灣回滬，我與本行同仁在美華招待晚餐。前財政部長徐可亭（堪）午後來訪，談及此次辭去財長之經過。

3月26日　星期六

滬市長吳國楨兄來訪，堅請辭職，託我向蔣總裁代說身體絕不能支持。對于時局十分悲觀，認為和談不能成功，共軍在一、二年間可以統一中國，只有台灣可以作最後根據。蔣公子經國上午來晤，據云氣候不佳，飛機不便起飛，擬乘船赴甯波轉溪口，並擬乘招商局江甯輪。于午後三時半，文叔姪、申、庸、光三兒送我上船，四時開行，同行有蔣經國、唐縱、祝紹周（前陝省主席）、竺芝珊、張國燾、朱國材等。我自抗日戰爭起，迄今始乘江海大輪。

3月27日　星期日

江甯輪於晨四時到甯波，因時間太早，我于五時起身，六時半乘汽車，七時半到達溪口，仍住武嶺學校小洋房。午十二時晉謁總裁，共進午餐。談及此次改組行政院人選之經過，以及將來之做法，我提出一個法字、一個黨字，如能遵守法律、黨的規定，不但當前可維持團結，並可加強團結，進而穩定現政局，方可與共黨談和平。關於和談問題，亦深加研究，決定約文白來溪口

一談，至午後二時始散。中共昨晚廣播宣佈指定周恩來等五人為和談代表，地點北京，時間四月一日。雖然和平尚未有眉目，然而希望和平人士總有一時之寄託。

3月28日　星期一

蔣先生約午餐，隨便談話，詢問巢湖形勢、舊廬州府之組織（即沿湖合肥、舒城、廬口、無為、巢縣等五縣）。我並告蔣，合肥人之民族性出絕對的人，很少相對的人。我又強調昨日所談一個法字、一個黨字，應當重視，方可應付當前一切困難。前交通部長俞大維今由台灣飛抵此間，與我同住一處。午間閒談三小時，此人腦筋清楚，常識豐富。

3月29日　星期二

清晨遊覽武嶺學校農場，適蔣公子經國祭掃伊母毛夫人墓。毛夫人生前與我素識，久擬拜謁夫人墓，今遇此機，得參拜祭，以了我願。毛夫人性情慈愛，幫助貧人，鄉里譽之，夫人於抗日期間為敵機炸斃，良可痛也。張文白兄為政府和談首席代表，今午到此，擬晉謁總裁，有所請示。我與文白於午後三時同謁總裁，面呈和談方案，總裁大體贊同。計談一時半之久。總裁偕我二人由山中小道步行至溪口公園散步，公園依山靠水，是他親自佈局的。溪水碧綠，山林秀麗，時值仲春，百花開放。總裁步履甚健，心情愉快。

3月30日　星期三

偕文白于上午十時晉謁總裁，再談和談方案。總裁指示此事應由李代總統領導政府同仁辦理，他從旁幫助，希望和平成功。文白又云總裁現雖引退，仍為人家攻擊目標，要設法轉移視線，暗示請總裁暫時出國。總裁深體此意，未有明顯表示。計談二小時。文白於十二時半飛京，俞大維于上午十一時飛台灣，我本擬乘俞機飛台遊覽，或乘張機飛南京，都未蒙總裁採納，留我在此暫住。蓋總裁久居鄉間，我與相伴，可以減少寂寞。

3月31日　星期四

今日在戶外河邊散步。七時半總裁約晚餐，有洪蘭友、張其昀、沈宗濂等。今夕未談政事，評論天台各處山水、古今名人繪畫。九時半始散。

4月1日　星期五

和談首席代表張文白晨來電話，本日上午十時率同代表團同人飛北平。我九時見總裁報告，總裁囑即電告文白，如和談期間共軍渡江，即是破壞和平云云。嗣又與總裁作二小時半之談話，大意是人人反對的人不可再用，官僚不可再用，要選有擔當的人負方面責任，中國必定有一度混亂，最後是得人心、有武力、有金錢者才可挽回大局。總裁引退最高原則是保全尊嚴、保全實力，應該照此做，必有結果。總裁必要時可以出國一行（問到何處，答曰印度或澳大利亞洲），無論到什麼地方，以安全為第一。當此和談期間，總裁態度請格外慎重，以免人家有所借口。此次失敗，選舉副總統亦失敗之重要因素，假定選舉如你我關係之深者為副總統，何致有今日哉。總裁聽這番話非常感動。我本擬今日返滬，又被留下，約時再談。本晚七時半約我及其身邊辦事幹部晚餐。餐後又談話一小時，都是拉雜的話，其中較為重要者有軍隊雖多，要能管用，高級將領雖能聽命，他的部下是否聽他話，是個疑問。現在我們處於劣勢，黨政軍有的已受人分化運用，有的自找門路，有的騎牆保全地位，如不調查清楚，臨時使用，不一定接受命令，我們已經失敗，不能再加失敗。總裁曰很對。總裁問昨日文白向我（蔣）說話語氣，是否要我（蔣）出洋。答曰是的，文白出諸愛護總裁之意，他請出洋理由很多，我以為如研究利害，而又須要出洋，自以出洋為是。總裁曰張岳軍已到南京，想來溪口，已告他等你到南京，他再來。答曰很好。蔣曰派飛機送你。答曰太費

汽油了，我擬明日乘船先赴上海，再轉南京。總裁曰你
要錢用，可在郭某處支付。答曰我生活很簡單，因為我
沒有機構，行動與交際很為不便，如能在中國銀行得一
較好地位，則一面可以照料該行，一面我到有中國銀行
地方可以得一方便，是一舉兩得。總裁曰你做農民銀行
董事長。答曰我不想做董事長，如中國銀行能添副董事
長最好。總裁曰另添恐不易，常務董事如何。答曰現在
沒有缺，慢慢再說罷。總裁曰上海市長吳國楨辭職，以
何人繼續為宜。答曰一時想不出。今日與總裁兩次談話
太重要、太開誠，早要能如此談談，或不致失敗到如此
地步。

4月2日　星期六

　　我原定本日下午四時乘輪回上海，但於上午十時知
道鄭彥芬、谷正剛、俞鴻鈞、陶希聖等將乘飛機去上
海，我即臨時改變與他們同行。適總裁來至我處，我報
告他，他贊成。我們遂即至甯波飛機場，然因氣候不
佳，飛機未能來，我們即至甯波招商局休息。該局經理
周厚齋先生（周忱琴先生令弟）招待午餐，並購贈我們
招商局江靜輪特等船票，既叨擾又破費，甚為感激。江
靜輪於午後四時啟碇。

4月3日　星期日

　　今晨八時到上海，文叔與庸叔等到輪埠迎接。我本
擬與張岳軍兄在南京見面，因岳軍兄已於今晨來滬，故
於午後三時與之見面。彼此交換時局意見達二小時，他

很表悲觀。他預定明日赴溪口。又何敬之、顧墨三兩兄
由南京來電話，希望我立即赴京，我因在滬尚有瑣事待
理，擬於五日赴京。以上我臨時草記，文叔代抄。

4 月 4 日　星期一

　　上午到中孚銀行與副董事長孫章甫等談話。近來中
孚營業尚可維持開支，他們主張整理阜豐麵粉公司（我
是常務董事），該公司有百分之八十以上股本是孫家
的，必須孫家有決心纔可著手整治。洽商之下，以時局
不定，只得從緩整理。阜豐是遠東唯一有名麵粉公司，
而辦理實在腐敗，真正可惜。張岳軍擬本日午後四時乘
輪赴甯波，我于三時前在張君勱家再與岳軍見面，他說
和談很棘手。又與張君勱談時局，他認為和談前途渺
茫。君勱告我，他向李代總統建議，萬一和談失敗，只
得繼續作戰，退回西南。

4 月 5 日　星期二

　　晨五時起身，六時起行至江灣飛機場。乘軍用運輸
機，七時半起飛，八時四十分到南京，仍下榻顧墨三
家，當即與顧交換當前軍政意見。午後二時晤何院長，
談溪口之行經過。據何云和談事，共黨堅持戰犯與共軍
渡江諸問題，尤其是反對蔣總裁。又訪李代總統、于監
察院長，他們都認為和談黯淡。又駐台灣訓練司令孫立
人來訪。據云他曾赴日本與麥克爾瑟見面，麥氏認為對
中國時局很為焦慮，如中國自身能站起，美國必定幫
忙。孫說他個人雖有戰功，遭人疑忌，受人欺辱（因無

派系），言下很為不平。

4月6日　星期三

　　國民黨革命委員會李任潮（濟琛）數年來因不滿蔣先生之所為，另組團體，同情共黨。昨由北京派李澤霖（民欣）、朱慈山來京，今晨由李代總統約我與居覺生兄到李官邸與朱、李等見面。李、朱除宣揚共黨德意，並轉囑共黨於和談最重要、最迫切之要求：一、必須渡江；二、渡江後市長、衛戍、警察、憲兵之轉移，由共黨接收；三、蔣先生應負戰爭責任（就是戰犯之罪）。這是國民黨無法可以承認，就是和平條件簽字後，共軍渡江，亦是要發生衝突的。朱、李並云，共黨希望居覺生諸老先生到北平遊覽。居推我去，我辭謝。

4月7日　星期四

　　清晨訪孫司令立人，勸他與台省主席兼總司令陳辭修（誠）合作。略謂你留學美國，轉戰印甸，揚威海外，功在國家，為蔣總裁所信任，為英美人士所推重。又時正壯年，將來前途無量，凡做大事的人，必定要能忍耐，尤其當前要能忍耐，纔能大器晚成。他深以為然，表示與辭修合作。他今日下午赴滬，轉返台灣。午後三時偕顧墨三夫婦及朱騮先陵園散步，百花開放，萬紫千紅，櫻樹多，花開最盛，氣候溫和，如此良辰，人生難遇。

4 月 8 日　星期五

上午十時李代總統約談。據李云北平第三方面派來代表李澤霖、朱蘊山、劉子衡，轉述共黨要求渡江，以監視實施懲辦戰犯，及改編軍隊之實行。代總統認為戰犯與渡江兩事我方絕不能承受，認為共黨無誠意，和平無希望，只有準備戰爭。就是和談勉強告成，亦不能長久的，還是要戰爭。他不參加北平新組織，擬請蔣總裁出山主持云云。代總統觀感大改變，深知與共黨無法言和，促進國民黨團結。我向代總統表示，我雖無官守，但對你與蔣總裁所負公私責任很大，萬一有一方面不利，我都交代不了。現在政客多、議論多，我怕是非，我戰戰競競。顧墨三兄今（八日）午招待第三方面代表李澤霖、朱蘊山、劉子衡等，我作陪。劉山東人，深通佛老，年四十餘，果能精進自修，必收善果。晚七時朱騮先兄招待閻百川兄，我作陪。國軍敗退江南，閻氏能固守太原孤城，猶如北方之燈塔，此種勇毅之精神，為歷史所少有。晚九時白總司令來晤，據云應調上海部隊加強安徽江防，士兵待遇要發現洋，否則無法維持。

4 月 9 日　星期六

上午十時李鶴齡（品仙）、夏煦滄（威）來訪。他二人都做過安徽省主席，是廣西大軍人，廣西核心人物。他二人向我表示，和談渺茫，應團結備戰。又素稱為李代總統智囊團之一甘介侯亦來訪，他說由北平來京第三方面代表，要求廣西讓一條路，使共軍渡江攻擊蔣系軍隊。這就是分化，連一方面、打一方面。但李代總

統左右，有一派雖主和平，乃是連共制蔣，切中共黨策略。甘是主張以不失國民黨立場，謀光榮和平。現在李代總統及白總司令，以及有識、有力之廣西人（如李品仙、夏威等）都主不能和，即戰爭云云。這一番話可以代表廣西態度，能如此，則國民黨內部和戰意見可以一致。蓋自蔣退李代迄今，政客作祟，破壞團結，為恐天下不亂，使時局動盪不安，太無心肝，今後或可漸漸明朗好轉（指內部）。張岳軍由溪口謁蔣歸來，轉達蔣意，倘和平失敗，請何院長指揮軍事，政府遷廣東，他（蔣）決不出山。午後李代總統約談，他表示和談如失敗，他決引退出洋，意甚堅決，託我往溪口報告蔣總裁。我勸他以大局為重，不可輕易言去。李如此主張，當然有他苦心。

4 月 10 日　星期日

和談代表團來電報告與共黨談判情形。李代總統、何院長特于午後四時，在國防部召開和談指導委員會。該會委員由中央指定者，計十一人，今日出席委員有李代總統及我，與何敬之、居覺生、于右任、徐永昌、童冠賢、朱家驊、張岳軍等九人（吳鐵臣、孫科在粵，未能趕到）。當即商討對策，均以雙方所爭執而最難解決。如共軍堅決要求渡江、戰犯問題，只肯有程度之讓步，我方對此二者根本不能承認。至聯合政府問題，留待將來之政協會議商討。即照此意電復代表團。七時散會，何院長約晚餐。

4月11日　星期一

今午我與端木文俠、陸心亘三人，招待白健生、李品仙、夏威三人午餐。他們三人是可代表廣西人的，尤其是白健生指揮華中軍事，異常辛苦，藉此慰勞。最近共軍在我方和平代表北上之後進攻安慶，白部以三團兵力，經十數日之苦戰，擊破共軍六、七萬之眾，收輝煌戰果。蓋自國軍淮北慘敗，淮南潰退，共軍所向無敵，國軍聞風而逃。今者國軍能以少勝多，堅守安慶，其有助于和談，與夫振奮士氣，影響將來戰事，實非淺也。我們與白等交換意見，均主加強團結。此一聚餐，意義甚深，內部更加鞏固。李代總統、白總司令，晚十時約我談話。李等擬將西北從新佈置（政治、軍事），代總統電召青海馬主席步芳來京面商，馬稱病未能應命，代總統因事關重要，必須馬氏來京一行，託我設法請馬來京。我擬致函馬主席，並請馬部高參朵含章回青海說明一切，總期馬主席能來京一行也。

4月12日　星期二

午前張岳軍來談，他將回重慶。午後偕劉子衡遊陵園，大談孔、孟、老、莊之道。他年四十二歲，特別聰敏，我勸他研究易經，必定可以成功。晚間與朵高參含章談話，他明飛青海。

4月13日　星期三

上午九時甘介侯再來談話，他認為李代總統左右主張不一，代總統苦于應付。

4月14日　星期四

　　第三方面代表劉子衡日間將返北平，我方亦將應第三方面邀請，推于院長佑任前往北平接洽。因劉、于二人尚未見面，故今午十二時，我與顧墨三兄約劉、于二人午餐，並介紹見面。又約張岳軍、吳鐵臣等作陪。

4月15日　星期五

　　何院長上午十時來晤談，他說中共與我方代表雖已正式開議，雙方距離太遠，萬一無望，如何應付。答曰請你完全負政治、軍事之責。他認為困難太多，我允特別幫忙。民社黨蔣勻田、青年黨李璜（幼椿）、劉士英，今日（十五）先後來晤談，交換時局意見，彼此都以為和談前途為可慮。吳天民醫師曾在上海設療養院，于抗日期間為人佔用，經數年之訴訟，由法院執行收回。現在最高法院批示更審，吳託我轉請司法行政部張知本（懷九）部長公正之支持。我特于午後往訪張氏，說明此事，張氏允將此事轉告上海高院。張氏復于晚間來訪我，暢論時局。

4月16日　星期六

　　昨日上午端木愷、關德懋偕劉厚生老先生（七十七歲）來訪，係為鐵礦事。原因劉氏與已故當塗人徐國安老先生，創辦安徽省當塗三鐵礦公司（寶興、益華、福利民），該公司歷史悠久，在長江鐵礦中僅次于大冶，為安徽有名礦產。該礦于抗日中間為日人強佔，勝利後政府認為敵產接收，該公司履次交涉未得結果。他們以

我在中央是皖省有地位的人，要求我主持公道，以維人民權益。我因義不容辭，故約經濟部孫部長越琦見面。孫氏于晨先來訪我，經將此案詳細說明，孫允查明核辦，意思甚好。我主張將來官民合辦，並推端木愷與孫隨時接洽。上午十時李代總統約我見面，告以我方和平代表來電，中共不但要求渡江，而且提出許多我不能接受條件，等于投降。李又云，就國際形勢觀察，與蘇聯最近對我之態度，國共和平很少希望。

4 月 17 日　星期日

我方和平代表黃紹竑昨日由北平飛返南京，攜共黨所提條款（計八條，共十四款），以四月廿日為簽定之限期。其中最要者，不論和戰，共軍必須渡江，所有國軍聽共軍命令改編指揮管轄。國民政府在改編軍事等等未完成之先，仍然存在，聽共軍指揮，負責辦理改編各事宜。國民黨要成認破壞過去政治協商會議，及發動戰爭之責，與夫未實行三民主義，及孫先生遺囑種種之錯誤。這樣條件，中央沒有人敢接受的。何院長今日兩次約我見面，認為共黨所提條款無法接受，擬明日召開和談特種指導委員會。白總司令崇禧約我見面，他說和談失敗，李代總統將引退。他又說共黨所提條款不但不能接受，而且要準備戰爭，請蔣先生出山負責，否則請李代總統負責，要有明白決定。午後五時晤李代總統，我勸他勿消極。他說領導不起來，恐誤事，對不起蔣總裁。又說在南京許多將領都不來見他，言下要有權力，方可負責。

4月18日　星期一

　　因委員未到齊，擬今日召開和談委會暫從緩。今日
李代總統、何院長、張岳軍、白健生迭次約我見面，商
討共黨所提條款，均以為無法接受，待召開和談指導委
員會決定之。何院長等又約我討論，討論和談破裂後
軍事之準備，以及政治、經濟、外交與軍事之配合，有
主張改組行政院。我以為改組費時間、傷精神，最易發
生糾紛，且現在行政院改組不久，最好增加部會，局部
改組。如必須全部改組，亦必定待有關軍事等等佈置完
妥，再行改組。否則同時並舉，必定紊亂，必定鬧意
見，均主張從緩。

4月19日　星期二

　　今日上午十時至十二時半、下午三時至六時半，李
代總統、何院長在國防部兩次召開和談特種指導委員
會，出席者除李、何外，有我與張羣、吳鐵臣、居正、
于右任、徐永昌、童冠賢、朱家驊十委員，列席閻錫
山、白崇禧、翁文灝、黃少谷、黃紹竑、屈武（黃是和
談代表，屈是顧問，他二人代表團派來京報告）。兩次
會議，六小時卅分之久，所有出席、列席均發表意見，
全體認為此項投降式條款，不能接受。推黃少谷等起草
復文，採和平口氣、人民立場，拒絕接受，仍願繼續談
判，請先停戰。白健生今晨九時半，向我與何敬之、張
岳軍表示，李代總統昨晚約白及黃紹竑、李品仙、黃旭
初等（都是廣西巨頭）會商和平決裂後，請蔣出山，李
出洋，否則李負責，請蔣出洋。適居正、吳鐵臣赴溪口

謁蔣回京，轉述蔣意，如和平決裂，所有金銀、武器一律拿出作戰。蔣個人出處，如大家要他從旁幫助亦可，要他出洋亦可。

4 月 20 日　星期三

因今日將飛溪口謁蔣總裁，清晨先後與白健生、李代總統談話，將我心中素來所集而未言的話，怛白痛快說出。中有你自家對于軍政大事應該善于運用，比如人家子弟，交把別人作子弟，如能照料得法，如同親生子弟，萬不能責前父兄之不善，徒增自己無能。我並表示本無所求之精神，本愛黨愛國之精神，希望對蔣總裁態度有所改變，共赴國難。九時半出席和談特種委員會討論復文，經多方修改，至十二時半散會，全文黏于後。

對中共所提條款　政府答覆全文
希望泯除敵對報復心理　重加考慮獲致真正和平
中央社南京二十一日電

李代總統暨何應欽院長昨日聯名致電北平政府和談代表團，說明政府對於和談之態度，並就中共方面所提之和平條款，提出答復。原電稱：即到。北平六國飯店政府和平商談代表團張首席代表治中，並轉邵、章、李、劉諸代表均鑒：黃代表紹竑、屈顧問武返京，備述和談進行經過，並攜回中共代表團所提出之「國內和平協定」全文，得悉一一，今日國家殘破如此之甚，人民痛苦如此之深，在八年慘烈抗戰獲得光榮勝利之後，國際地位反一落千丈，此皆由於戰亂不已所致，但求能澈底消弭戰禍，實現真正和平，使人民獲得休養機會，國

家進入建設途程，吾人自應不惜一切犧牲以促其成，庶
幾毋背革命之初志，上可以對中華民族之列宗列祖，下
可以交代後世子孫。政府方面自蔣總統之元旦文告倡導
和平，以迄宗仁、應欽等主政後之一切措施，無一非遵
循全國人民渴望和平利益為前提，委曲求全，忍辱負
重，開誠佈公，苦心謀和，蔣總統之毅然引退，與宗仁
前致毛澤東先生之卯陽電，即在欲犧牲一己以成全大
局，耿耿此心，宜為全國同胞所共鑒。

解除兄弟鬩牆爭端　竟似敵國受降形式

　　乃綜觀中共所提之協定全文，其基本精神所在，不
啻為征服者對被征服者之處置，以解除兄弟鬩牆之爭端
者，竟甚於敵國受降之形式，且復限期答復，形同最後
通牒，則又視和談之開端為戰爭之前夕。政府方面縱令
甘心屈辱，予以簽署，竊恐由於此種狹隘與威壓作風之
刺激，士氣民心同深悲憤，不特各項條款非政府之能力
所能保證執行，而由此引起之惡劣影響與後果，亦決非
政府能力所能挽救。良以此種協定果一旦訂立，則給予
人民者將非真正之和平，而為更殘酷、更大規模之長期
戰爭。迫切渴望和平之人民，亦必決不願政府接受此一
名為「和平」實為「戰爭」之協定，馴致全國人民重罹
浩劫，豈徒顯背謀和之初衷，抑必造成仇仇相報，永遠
砍殺之悲慘局面。原文前言全屬對政府及中國國民黨詆
毀譴責之詞，等於對罪犯之判決，何能稱為和平協定，
即以條文內改編軍隊一項而論，雙方軍隊既罷戰言和，
自應同時改編，以實現軍隊國家化之原則，而該項協定
規定政府所屬的一切武裝力量，包括一切陸軍、海軍、

空軍、憲兵部隊、交通警察部隊、地方部隊，一切軍事機關學校工廠，及後方勤務機構等，均應編為「人民解放軍」，政府一切軍事設備及一切軍用物資，亦應移交「人民解放軍」接收，所謂「民主原則」，竟成共軍獨佔之制度。關於整編程序，規定為集中整理與分隔改編兩階段，所謂集中整理，即是由共方所控制之整編委員會命令國軍將防區與倉庫物資等先行移交「人民解放軍」接收，再開赴共軍認為適當之地點集中，以便分區改編成為「人民解放軍」，如此改編工作完成之日，即國軍全被銷滅之時。在政治方面，聯合政府成立之前，政府雖被允許暫時行使職權，實際上是奉共軍總部之命辦事，其主要任務，為協助共軍「辦理各地的接受和移交事項」，中共不但要接收政府的軍隊和全國政權，而且要透過軍事管制委員會之恐怖統治形式，以「接收地方的一切權力及國家產業財富」。關於決定國家人民命運前途的政治協商會議問題，依協定條文第二十三款「在南京國民政府代表團簽字於國內和平協定後，中國共產黨代表團願意負責向新的政治協商會議的籌備委員會提議，南京國民政府得派遣愛國份子若干人為代表，出席新的政治協商會議，在取得新的政治協商會議籌備委員會批准後，南京國民政府的代表即可出席新的政治協商會議」。質言之，政府參加政協，須俟中共考察政府執行「和平協定」之成績認為滿意，始允負責提議以待「批准」。又照協定，政府即獲「批准」參加政協，而能否參加聯合政府，仍須待共黨之提議，而且政府參加政協及聯合政府之人數及人選，均須聽命決定。上述

云云，不過略舉數項以為例證，實則該項協定全文，充滿決以中共武力控制全國之意味，一則曰「人民解放軍」開進，再則曰「人民解放軍」接收，所謂和平協定，實際為欲政府承認中共以武力征服全中國，政府之軍隊固等於全部繳械投降，即全國各城市鄉村，亦將因中共軍隊之普遍開進，原有之社會組織與人民生活方式，亦將依中共之意旨而澈底改變。如此勢必激起軍民之憤怒，若中共部隊向各地開進，中共人員向各地滲透，其必然遭遇軍民抗拒，殆為不可避免之事實，結果戰火與屠殺即將遍及全國之每一城市與鄉村，人民之痛苦愈益加深，國家之損失愈益增重，勢所必然，無待深論。

謀和不應製造亂源　弭戰豈宜擴展戰禍

事實演變不幸至此，則謀和適以製造亂源，弭戰反而擴展戰禍，豈忠於謀國愛護人民者所宜出此，所忍出此。總之吾人今日如真能體認全國人民渴望和平，共同具有謀和之誠意，則必須泯除一切敵對與報復之心理，根據事實，適應環境，共策合理有效之方法，以達到澈底消弭戰爭，獲致真正永久和平之目的。因之政府除對中共此次所提出的國內和平協定，表示上述原則上之意見外，仍希望中共方面確認人民利益高於一切之原則，對此項協定之基本精神與內容，重新予以考慮。至於自今年元旦以來，政府軍隊每遇共軍進攻，均盡可能極力退讓，事實具在，有目共睹。然中共方面不但未能停止進攻，且自四月一日政府和談代表抵達北平以後，若干地區之攻勢，較前愈趨猛烈，殊堪遺憾。茲為培育祥和

空氣，極盼能即日成立臨時停戰協定，藉以表示雙方謀取真正和平之決心與誠意，俾和談得以順利進行。特電佈達，希即將上述各項意見，轉達中共方面，並復為盼。李忠仁、何應欽卯號印。

今日（廿日）午後偕張岳軍兄赴溪口。三時起飛，四時卅五分在甯波機場降落，轉乘汽車赴溪口，下榻蔣府老宅蔣太夫人生前所住房屋。五時半晉謁蔣總裁，報告兩日來關于和談特種指導委員會開會情形後，研究當前局勢應付辦法。交換意見很多，未作決定，擬明日再談，共進晚餐。

4 月 21 日　星期四

午前九時再與總裁談話，擬約李代總統、白健生、何敬之到杭州與總裁見面。其與彼等談話要旨如下：一、和戰大計；二、有關軍事指揮機構；三、有關黨務，擬組一類似抗日最高國防委員會。並決定請岳軍回南京，約李、白、何明日飛杭州。計談一時卅分。總裁復于十一時半再到我們住處談話，共進午餐。岳軍午後三時半起飛。總裁與我及紉秋、雪艇公園散步，仍到我們住處共進晚餐，後武嶺學校看京劇，十一時半散。總裁身體康健，精神愉快。共軍昨日發動長江全面攻勢，安徽荻港守軍受賄判變，放敵渡江，南京已聞浦鎮砲。至此共黨毫無謀和之誠意，而甘心破壞和平，已太白于天下。吾人數月奔走付之東流，真天意使然耶。

4 月 22 日　星期五

上午十時廿五分，隨蔣總裁由甯波機場起飛，十一

時到達杭州機場。隔卅分鐘後，李代總統、何院長、白
總司令亦由南京飛抵機場。即在機場航空學校休息、談
話，除總裁、李、何、白三人外，我與岳軍參加。經
數小時之研究，認為和談即已決裂，決定：一、剿共到
底，發表宣言；二、何院長兼國防部長，統一指揮海陸
空軍；三、聯合民主人事擴大政府組織；四、政府速遷
廣州，撤回和談代表；五、組織非常委員會，以十一人
至十五人組成之，蔣總裁任主席，李代總統任副主席，
此會代行黨政最高大權。午後李代總統、何院長飛返南
京，白總司令飛返漢口，我與總裁等宿省府招待所。

4月23日　星期六

我等本擬上午乘飛機回滬，至機場後知上海氣候不
良，不能起飛。適顧參謀總長由京飛滬，不能降落，亦
飛抵杭州。據告因戰略關係，南京撤退、放棄，何以如
此之速，乃因江陰要塞繼荻港而叛變，南京、蕪湖受威
脅，不得不從速撤退。此事至為痛心，如此情形，不堪
設想。總裁于上午十時飛返溪口，我等因氣候關係，于
午後二時半與顧墨三、張岳軍、徐永昌、秦德純等改
乘專車回滬，六時抵上海西站下車，知常州、無錫均
已不守。

4月24日　星期日

局勢如此，我決定舉家移居台灣，定于明日乘飛機
飛台北，行李等件交曾伯雄兄乘船運台。今日一天均是
處理遷台事宜，甚為忙碌。晚間與顧墨三兄見面，談軍

事，據云擬堅守上海。余曰守上海條件是夠的，但內部
有無把握。

4 月 25 日　星期一

我與惟仁、麗安、申叔、庸叔、光叔于本日上午七
時赴龍華機場，途中車多，又受軍警特別檢查車輛與行
人，耽誤至八時半始到機場。人山人海，待乘飛機，我
們雖是專機，亦遲至午後二時十五分始行起飛，五時
飛抵台北機場。我們初次到台，人地生疏，不通台語，
又未預定住處，頗感困難。幸有浦薛鳳（逖生）兄之關
照，惟仁夫人與申叔暫住逖生家中，我與麗安及庸、光
兩兒住台北招待所。

4 月 26 日　星期二

內地來台人士很多，住屋缺乏，生活日高，我現正
準備住宅。興台公司經理祝麟招待晚餐。三數日失去長
江將千里，共軍不戰渡過長江，真是稀有的事，這是國
民黨奇恥大辱。我數月奔走，是想為人民減少痛苦，今
心力已盡，如斯結果，豈天意使然耶。

4 月 27 日　星期三

內地來台熟人甚多，我又住在招待所，隨時可以遇
見，大家對于國事一籌莫展。前滬市長吳國楨、台省民
廳長朱佛定先後來晤。吳主對台經濟，必須自身可以站
著，然後方可與美合作。朱對台省政治，認為必須使人
民不吃虧，現在有超過日人時代稅律。

4月28日　星期四

　　台北房屋難覓，且人事複雜，住家很不相宜。前由朱國材託興台企業公司在台中代為準備房屋，業已定妥，特偕麗安及企業公司經理祝廷式（麟）、該公司行務主任陸以正等，乘今日上午八時卅分車赴台中。計行四時半，于午後一時抵台中，遂訪陳果夫兄，即在陳家午飯。午後至西區看企業公司代為預定，清龍里模範巷一號房屋，有客廳、書室、臥房，計大小八間，並有小花園，頗合我家應用，決定卜居于此，略加修理，即可入住。這坐房屋，係前日人時代州長官邸。看蔣老太太，他亦廿五日由上海飛抵台中，現在西區利民里守法街二號。他主張在我們房屋未修好之先，惟仁夫人可到台中暫住他家。晚間宿鐵路飯店。

4月29日　星期五

　　上午再到模範巷一號看屋，再與陳果夫談話。乘午後一時車，于五時十五分到台北。此次祝、陸二君殷殷招待，又破費公司，殊深感激。

4月30日　星期六

　　午後台省主席陳辭修（誠）來談，有關國內外形勢，他對于挽回頹勢，頗具信心。他說接白健生、何敬之、顧墨三來電話，約我即日赴廣州。我因處理家事，至快須一星期後，方可決定行止也。計話二小時之久。

5月1日　星期日

我們行李已于昨日由海道運到基隆，今日午後運到
台北。曾伯雄係在上海將行李送上海船，交由顧參謀長
總長副官代為押運，伯雄偕何景明乘機飛台北。此次運
輸行李，十分不易，有顧總長部下幫忙、伯雄之奔走，
得此圓滿結果，甚為欣感。至汽車與自行車等，與顧總
長車，一同用登陸艇運廣州。此乃不得已的辦法，將來
仍擬運台灣。

5月2日　星期一

惟仁夫人偕申叔及何景明乘上午八時車先往台中，
暫住蔣老太太家，因久住浦秘書長家，頗感不便。訪在
台北同鄉孫章甫、李運啟、張忠道等。台北招待所經理
招待我晚餐，有台灣工礦股份公司董事長郭克悌、台灣
旅行社總經理黃天邁等。席間暢談經濟、社會、交通諸
問題，這是必須積極整理台灣的最大問題。

5月3日　星期二

回看洪陸東、吳國楨等，又參觀黨營興台企業公
司。據國楨云，前奉總裁電召赴滬，因病未能前往，現
病稍瘥，如總裁需其前往，當即遵命。託我去電請示總
裁，當即照辦。

5月4日　星期三

訪何敬之、顧墨三兩位夫人。在本旅社招待李運
啟、孫章甫、孫乾方等晚餐，並關于阜豐麵粉公司運來

麩皮，已在台灣出售，我擬挪此款暫時應用，李等贊
成。浦秘書長轉來何敬之、顧墨三從廣州來電，催我即
日赴廣州。我待家眷安頓後，即行前往。

5月5日　星期四

吳國楨再來談外交，現無辦法，台灣經濟太危險，
要從速補救。午後偕麗安、庸叔、光叔及祝廷式遊覽草
山及淡水，山明水秀，道路整齊。

5月6日　星期五

現在台中住宅尚未修理完成，而何敬之、顧墨三來
電催促赴粵，決定我即日飛香港，轉廣州。麗安等暫仍
住台北招待所，將來由聯合勤務副總司令郗恩綏（一
廠）照料遷台中。黃省參議會議長朝琴于午後約我與麗
安、庸叔、光叔約遊覽龍山寺，及林本源花園，並在黃
宅晚餐。龍山寺內供奉觀音大士，寺外如同南京夫子
廟、蘇州元妙觀，數百年來如此情形，未有改變。林本
源花園完全代表中國舊時文化最大之古老花園，亭臺樓
閣應有皆有，可惜年久失修。

5月7日　星期六

吳國楨、胡國振上午來晤。據胡云大局如此惡劣，
台灣倘不積極改革政治，與夫挽回經濟危機，前途決難
樂觀。我說要台灣人少吃虧，軍隊要吃飽，則一切都無
問題。胡隨我前在新疆任警務處長，此次來台任警務處
三個半月，即交代，未免時間太速耳。

5 月 8 日　星期日

　　擬明日飛香港轉廣州。上午九時半訪陳主席辭修，談時局。我說：

（一）台灣是外交橋梁，我們必須經濟能以自立，美國或可幫忙。

（二）中央政府不能來台灣，萬一廣州不守，只能在大陸另覓地點，如政府來台灣，則表示大陸與我無關矣。

（三）台灣軍風紀關係十分重要，若要軍風紀良好，必定要人民少吃虧，公教人員吃得飽。

（四）要與訓練司令孫立人合作，你（陳）台灣方面領袖，要能容納各方。

陳氏深以我說為然，表示接受。陳氏又表示台灣政治、經濟有困難：

（1）戰後未恢復。

（2）出口貨物歸中央。

（3）台灣墊軍、公款負責過重。

希望中央將在台所管各種事業交台省代管，做到安定後方經濟、支持前方軍事，做到中央應得歸中央、地方應得歸地方，不要中飽，做到中央無損、地方有利。照現做法，中央無利，地方有害。我表示向中央建議。計談一小時半。晚七時陳主席招待晚餐，有我與鈕惕生、張默君等。

5 月 9 日　星期一

　　本擬俟家眷遷台中後，再赴廣州。因何敬之、顧墨

三等催之甚急，故提前于今日午後二時半乘中航機飛香
港，轉廣州。在廈門降落加油，于午後六時半到香港，
下榻中國旅行社新衛招待所。

5月10日　星期二

　　清晨光甫兄來晤。據云美國擬與中共建立通常外交
關係（就是承認中共政府），英、美將協力保護香港。
本擬明日赴廣州，因何敬之等催促，故于午後二時乘飛
機，二時五十分抵廣州。墨三、敬之、文俠等均到機
場迎接，我仍下榻顧墨三家中。吳鐵臣兄約晚餐，有敬
之、墨三、驤先、立夫、道藩、彥棻等在坐。大家都認
時局危險，共軍已到江西，應積極設法挽救。何院長敬
之表示消極，我認為此時不能改組政院。何說他出任院
長，是蔣總裁、李代總統合作橋梁，今蔣、李分離，橋
梁已斷，不能再做下去。

5月11日　星期三

　　當前最嚴重之問題，是李代總統本月三日在桂林談
話紀錄，與蔣總裁本月六日由滬致何院長敬之的一封
信，針對李之紀錄，因此蔣、李關係愈走愈遠，公開分
離。適值長江軍事之潰敗，共軍已深入浙贛，如入無人
之境，局勢已臨萬分嚴重之最後關頭，隨時有到大庾嶺
之可能，廣州行都大受威脅。如此情形，必定同歸于
盡，人心惶惶，不可終日。今日分晤李代總統、白總司
令崇禧、余綏靖主任漢謀、薛主席伯陵、陳主席濟堂，
以及黨政有關孫哲生等二十餘人，均以時局嚴重為可

慮，必須團結，方可挽回于萬一。在薛主席處午飯。

5 月 12 日　星期四

今日仍是分訪有關黨政各當局交換意見。關于行都遷移問題，議論紛紛，有主在海南島，或廣州灣，或柳州，或貴州，或四川。我素來主張萬一廣州不守，政府必須在大陸，萬不能到台灣、海南島等海上，經向各方遊說，決定在大陸選擇地方，大概在四川。上午九時出席中央常務會，至十二時散會。晚八時半出席中央政治會議，至夜十一時散會。兩次會均是討論當前團結、軍事、政治、經濟四大問題，結果只決定團結原則，蔣總裁、李代總統約期見面，蔣、李分別負黨、政責任，並推我與閻百川、于右任、朱家驊、張道藩、陳伯蘭、吳鐵臣、白建生等人研究實施辦法。當前危局，蔣、李果能見面，蔣負責黨的總裁責任，李負政的代總統責任，開誠心、佈公道，則軍事、政治、經濟或可想出辦法，否則土崩瓦解，即在目前。陳伯蘭招待晚餐。

5 月 13 日　星期五

國民黨失敗原因，其最要者有：

（1）未能實行三民主義，發揚先烈愛國精神。

（2）黨人官僚化、幼稚病、無賞罰、無是非、鬧意見，所謂物必先腐而後蟲生。

（3）人民望治已久，而廿餘年對內對外不斷用兵，以致根本經濟農村破產，人民求生無路，社會大混亂。

（4）受資本主義、共產主義鬥爭之影響，尤其受國際
美蘇鬥爭之影響。

（5）民主與和平是人人所渴望的，推行最好機會是北
伐完成與抗日勝利。在這個機會不推行，而在軍
事、政治、經濟日趨劣勢與社會不安之時局，為
應付環境來推行民主和平，當然失敗。加重本身
黨政軍之累，為他人所利用，促自身之瓦解，其
不智無能，有如此者。

5月14日　星期六

上午九時出席加強團結小組會，研究促成李代總統
最近期間內，與蔣總裁再度晤面，與敦促蔣、李分別負
起其應付之責。決議推閻百川、朱騮先晉謁李代總統
洽商。李代總統約我于午後四時見面，計談二小時，其
大要：

（一）談加強團結。李曰擬發表告人民書，申明堅決
反共到底，並派代表持其親筆函往謁蔣總裁，
請示見面時間與地點。

（二）我曰，你（李）不要再說出任代總統是為談和
平，今和平不成，應引退，請蔣出山復位。蔣
既引退，決不復位的，你如不幹，人家必批評
你無和平把握，為什麼要談和平。你如不幹，
表現你無能、不負責任，且法律亦不許可。

（三）人人希望團結，所謂團結，就是你與蔣先生二
人問題，如你二人能諒解，是團結先覺條件。
過去團結，如同建築在沙灘上，所以不能長

久，今次之團結要建築在鐵骨水泥上。當前如
不從速團結，則立即冰消瓦解，如鳥獸散，同
歸于盡，夢想局部保存，萬無可能的，如能團
結，則軍事、政治、經濟或可想出救急辦法。

（四）現在鬧到如此地步，都是歷史集成，只好慢慢
的來轉變。近數月來，我為顧全友誼，採謹慎
態度，今則時機危急，千鈞一髮，當本忠黨愛
國之精神，積極努力團結。

（五）過去數月謠言很多，有另行組黨，分化蔣的力
量，促蔣出洋，這是錯誤的、做不到的。

（六）李曰西北有軍隊五、六十萬人，群龍無首，最
好顧墨三前往指揮。顧人太忠厚，任參謀總長
不甚相宜，可改以白建生任參謀長。答曰可以
考慮，是否一定要白做參謀總長，還可考慮他
人。李曰曾保關某，總裁不肯云云。

計談二小時，因他病後尚未復原，故我說話措辭甚
溫和。

5月15日　星期日

今日星期日，略予休息。午後偕墨三等到本市歐陽
市長家喝茶，並晚餐。晚間何院長來談。據云現在時局
日漸嚴重，立法將授權政府處理一切政務，依憲法應授
權于行政院長，不是授權總統，已將此意告李代總統。

5月16日　星期一

上午九時出席中央常務會議，並推我為主席，討論

遣散中央黨部供職同志，以應事變。國民黨如此結果，
良可嘆也。陳濟堂、余漢謀、薛岳、張發奎招待陳主席
辭修（新由台灣來穗）晚餐，約我與朱騮先、居覺生等
作陪。餐後談時局，推我與居覺生、陳濟堂往謁李代總
統，詢問實行團結，促其從速行動。李答曰發表告人民
書不必太急，如團結必定要有辦法。聞聽之下，數日來
所談的話，又發生變化。值此武漢撤守、上海苦戰，中
央尚在談團結空話，何以對國家，更何以對軍民。

5月17日　星期二

　　閻百川、陳伯蘭、朱騮先約我談話。據云與李代總
統談團結，李對發表文告以及致函蔣總裁等等尚未積極
進行，明白提出白建生為參謀總長，大有以此為先覺條
件之勢。今日先後與後與陳辭修、張岳軍、蔣鳴三、
劉建羣、何敬之、顧墨三先後晤談，都認為必須支持何
院長，並力謀團結，尤希望何敬之實行責任內閣，或可
挽回大局於萬一，陳辭修堅決表示擁護何氏。現在關鍵
雖在蔣、李，而李、何關鍵亦很重要。如李、何同時引
退，必群龍無首，各自圖生。如何退，難選繼何適當人
才，必致混亂。何以鬧到如此地步，歷史因素太深，私
見難除。

5月18日　星期三

　　當前最大危急，因幣值陡跌，如湖南、貴州、雲南
等處已拒使用，軍餉無著，兵變可慮。上海大戰已數
日，國軍勝利，陣地堅固，未為共軍突破，現兩軍更加

慘烈爭奪。

5 月 19 日　星期四

上午九時出席中央常務會議，討論保衛華南，必要時政府遷四川。昨日上海戰事，浦東展開全面展開慘烈激戰，國軍獲得初步勝利。蓋上海戰場，以浦東、吳淞為戰略上兩個重點，現均在國軍手中。午後六時至新亞酒店訪居覺生先生。

5 月 20 日　星期五

今日與白建生、陳辭修、顧墨三、蔣銘三、朱騮先、何敬之等先後聚談政治、人事、經濟等重大問題，均未得結果。因李代總統反共文告迄未發表，社會懷疑李氏態度，何院長以處境困難，堅請辭職，否則惟有自殺。何氏更因代總統數次面囑何氏更換顧參謀長，何以當前環境不許可，不能辦到。財政、經濟已在死路，軍隊時有驊變。蔣總裁、李代總統間成見太深，不能團結，此何氏堅請辭職之原因。我等勸何以國家為重，勉為其難，未得結果。時局如此嚴重，大家尚不自覺，奈何。今日（二十）向白建生曰，李代總統為何南京撤退先到桂林，這是很失計的，代總統聲望日漸低落，代總統態度尚在動蕩。白曰明日即發表反共到底文告。上海市區內、舊法租界、辣菲德路、辣菲醫院附近，昨日（十九）午夜首次落下四個高度爆炸彈，有十多人受傷。砲彈由浦東射來的。

5月21日 星期六

何院長今晨突向李代總統正式提出辭呈，李託白建生、陳辭修（誠）將辭呈退回，堅決慰留，代總統復託我們代為慰留。午後五時半，李代總統約我與于右任、居覺生、張岳軍、張向華、孫哲生、白建生等研究代總統告全國同胞書。大意決心抗共到底，籲請全民自救而救國，努力這反暴、反恐怖戰爭。中共要使全國人民替共產國際去效死，中共屢次指責政府接受美援，就是賣國，蘇聯也曾接受美援，為什麼中共又不指責蘇聯為賣國等等。文告今晚發表，則社會上對代總統之懷疑，當一掃而空。陳主席辭修今日飛返台灣，大家託他將此間黨政情形報告蔣總裁，請其指示蔣銘三兄同行。

5月22日 星期日

午後二時李代總統約我談話，表示擬約我及黨中負責同志，陪他去晉謁蔣總裁。彼此研究結果，由代總統報告中央常會，再推陪去人員。我趁此機會很直率向李表示，外面謠言太多，雖不足信，但影響太大。如蔣總統引退後，加以政治追擊，實覺太過。外間謠言，以蔣勢力太大，終不為用，反為害，施行分化，打破計劃，這是做不到的，人家知道的。又說你們自已採保全實力，一面謀增加實力，如此種謠言存在，何能談團結，何況感情太傷乎。他說沒有這回事。我說沒有最好，你要這方面注意。

5 月 23 日　星期一

上午九出席中央常務會議，李代報告擬晉謁蔣總
裁，擬推同志數人陪往。又大家根據杭州會議，成立非
常委員會。此二事交小組研究，其他都是說空話，鬧至
午後一時半散會。晚九時在代總統家開小組會，我準時
出席。討論上午中常會交研究代總晉謁總裁事，俟總裁
復電，即前往。中央成立非常委員會，決照辦。果能早
辦，何至今日政治之困難。我並說當前應在感情與制度
上著想，如蔣、李感情不和，雖有制度，亦是無用的。

5 月 24 日　星期二

李代總統現正待蔣總裁復電，以便前往見面。就我
觀察，前晚開會，大家忽視感情之恢復，而專注中央非
常委員會之成立，果能見面，也是無用的，何況迄今尚
無復電乎。何院長晚間來談，感于蔣、李團結之渺茫，
于今日再向代總統上辭呈。旬日來自動放棄武漢、南
昌、西安三大名城重鎮，上海正在作熱血除死戰，而後
方如此現象，何以對將士，何以對人民。

5 月 25 日　星期三

上海戰事已至最嚴重最後階段，共軍先以主力攻吳
淞失敗，再以全力攻浦東國軍。苦戰半月，氣雖旺，而
力已不及，共軍由滬西趁虛突入市區，國軍浦東戰同時
失利，共軍渡浦江，因此戰事急轉直下。國軍向吳淞
集中，擬從海道撤回，至此滬戰已成尾聲。李代總統擬
請我晉謁蔣總裁，我認為此時我無前往必要，留待將來

蔣、李合作時為之努力。午後晤李說明，深得李之量
解。當即推定于右任、閻百川、吳鐵臣、陳立夫、朱家
驊五人明日飛台灣，先晤陳主席，再晤蔣總裁。因蔣行
蹤無定，故先與陳接洽。

5月26日　星期四

上午九時出席中央常務會議。上午十一時與熊式輝
（天翼）談話。此人聰敏，惟手段太辣、太講現實，為
人所不滿。我與他談做人要忠厚，以及中國哲學之道
理，我請他幫忙奔走團結。他對我所說的話，他非常滿
意。余主任漢謀招待我與何敬之等晚餐。

5月27日　星期五

乘上午八時四十五分車，午後一時到香港，仍住中
國旅行社所辦新甯旅社。午後四時訪老友許汝為先生，
他陪我遊淺水灣，並招待晚餐。他身強健，頗有出山之
意，言下對于時局很不滿。至十一時方散。

5月28日　星期六

上午九時過海至九龍公墓，追弔故友吳少祐兄墓，
回憶已往，感慨良多。他有一位如夫人，年事甚輕，少
祐生前自信壽命長久，對如夫人未有安頓，臨終時未有
交代話，大夫人不成認如夫人身分，如夫人舉目無親，
悲慘萬分。我付港幣壹仟元，囑其回滬暫住其兄嫂處，
我仍當隨時幫忙也。又訪故友王季文兄眷屬，他三位夫
人都已見面，他們生活尚可維持。他的世兄為元自大學

畢業後，即在無線電方面服務。二世兄為漢正在大學讀
書，很聰敏、有禮貌，前途有希望。但季文遺體尚未重
慶，家人十分掛念，我當幫忙尋找運回故鄉桂林安葬。
午後五時晤陳光甫兄，他以時局如此惡化，表情很不愉
快。現在香港大老諸公仍在醉生夢死，過著天堂生活。

5 月 29 日　星期日

　　午十二時許汝為兄在其住宅招待午餐，他夫人及男
女公子均參加作陪，此種厚誼，殊深感謝。中央航空公
司總經理陳卓林、營業主任鄧士章招待晚餐。士章係故
友鄧仲元兄的胞弟，仲元與我感情最厚，曾于民國八
年給我一封親筆信，保存迄今，此次特攜來港，交士章
以作鄧府子孫永遠紀念。此次來港，故友羅佋子先生女
公子明慧夫婦陪我看吳、王等眷屬，我深覺老友先後去
世，我獨存之傷感也。昨、今兩日廣州迭次來電話，促
我回穗，因何敬之辭行政院長，李代總統有准意，擬提
居覺生繼任院長。以現在形勢，改組行政院決非其時，
真所謂天下本無事，庸人自擾之。蓋何無決心，李太草
率，我不願參加此次改組之意見，故未應命回穗。許汝
為兄係贊成居任行政院。傅汝霖晚間來談，他不贊成居
任院長。我認為當前事實，居任居院長，決無結果。

5 月 30 日　星期一

　　昨日午後陳芷町兄約我與劉航琛兄見面，因時間太
促，未能暢談，今日陳、劉二人再與我晤談，並留二人
午飯。陳、劉二人都是才智之士，有才子名，他二人都

有士不逢時之感。二人對于時局，主張健全中央、擁
護中央，若無希望，則圖各省自存，若再無希望，則深
入民間。劉在四川人中有財富名，所辦事業甚多，毀譽
參半，得人同情地方亦是很多。有人批評他議論太多、
太高，往往不能實現，虎頭蛇尾，蓋文人才士大多如此
也。晚七時再晤光甫辭行，相談甚愉快。晚十時乘民生
公司龍門輪回廣州。此次來往港、穗，舟車都承廣州航
政局長盧逢泰（衡約）招待，並隨同照料，殊深感謝。

5月31日　星期二

上午八時半到廣州。立法院舉行會議，就李代總統
咨提居正（覺生）繼任行政院長案，投票時在場委員三
〇三人，開票結果同意票為一五一票，僅差一票，未獲
出席過半數，未予同意。立法院本擬今日休會，因此
延會三日，另行提名。我素來主張現內閣成立不久，不
宜改組，此次提居未同意，代總統威信不免損失。而居
先生以七十三齡老人受此打擊，真不值得。此皆看事太
易，事前未能詳細研究之故也。

6月1日　星期三

行政院長既發生問題，代總統遇到困難，茲事有關大局，我為各方道義計，必須出面解決此問題。遂偕端木文俠，于上午十一時訪李代總統。我勸他民主國家議會否決提案，是很普通的事，不必介意，應速另提新名。他擬提我任院長，我堅辭。研究結果，託我留何敬之繼續任院長，如何不可能，則提閻錫山，如閻亦不可能，則提陳立夫或朱家驊。我于午後五時約同于右任、吳鐵臣、陳立夫、鄭彥芬訪何敬之，轉述代總統之誠意。經一小時之懇切挽留，何氏去志甚堅，挽留無效，立即向代總統復命。代總統即照上午所擬定計劃，徵閻錫山同意，閻表示接受。擬明日先提中常會，再提立法院。

6月2日　星期四

上午九時出席中央常務會議，李代總統親自出席，提閻錫山繼任行政院長。我首先發言，以現在內外形勢，以閻任行政院長，為最適當之人選。當經常會一致通過，代總統擬明日提立法院，希望予以同意，勿再另生枝節，遺笑中外。

6月3日　星期五

上午分訪廣州老友鄒海濱（魯）、李君佩（文範）。立法院今晨開會，同意閻錫山任行政院長。投票時在場委員三百廿人，同意票數二百五十四票，即咨復代總統，予以任命。一段改組大風波，至此告一段落。

6月4日　星期六

甘主席郭寄嶠派蒯世芷來報告，此次中央處理西北已經失敗，他想來穗述職，當介紹蒯與顧參謀總見面，顧擬由中央電召郭來穗。蓋中央不明西北政情，我說又不採納，草率決定免去張文白長官職，將我多年在西北政治付之東流，從此西北多事矣。馬子香代長官發表太快，使他今後必感困難，應該事先有所商量。倘現在平心靜氣來研究，不要再錯，尚可許圖補救。錄郭寄來函數語：「西北龐大力量，為此次失當措施所破壞，既不徵取同意，復不慎重考慮，草率處理，遺西北軍民無窮憤慨，痛心曷極云云」。午後五時李代總統約談，他對于新閣國防部，仍屬意于何敬之兄。

6月5日　星期日

近日天氣甚熱，夜不能睡。今日休息，即待新閣組成後，即回台灣。

6月6日　星期一

曹秘書聖芬由台來穗，轉述蔣總裁意，擬請何敬之仍任新閣國防部。我于上午十時半偕曹訪何，經多方勸勉，何堅決不肯擔任。蓋歷史成見太深，無法解除。毛人鳳、馬志超午後來晤，他二人都是特務。馬任交警總隊長，該隊此次在滬作戰，甚為出力，現在尚有三萬多人，分駐閩、粵、浙等省。國防部擬將該隊改為國軍，毛等擬維持原狀，託我說項。

6月7日　星期二

　　李代總統約我見面，託我勸何敬之兄任國防部長，繼談中央非常委員會事。李出示蔣總裁親筆所提十五委員名單，他對于王世杰、黃少谷表不滿；十五位委員中，廣東佔四席，覺太多；政府將遷四川，而名單無一川人參加；孫科等出洋，不應掛名；行政、司法、監察院長既參加，考試、立法二院長亦應參加。我答曰此名單係由閻院長百川帶來的，仍請與閻接洽，我當從旁說話。午後五時閻院長來訪，亦是託我勸何任國防部，我並將李代總統與我所談非常委員會人選轉告閻氏。我與端木文俠等分別勸何繼任國防部長，何堅決不接受。他推薦徐永昌擔任部長，顧墨三仍任參謀總長，維持現狀，趕速組成新閣。事已如此，擬不在強勸。

6月8日　星期三

　　上午十時偕端木文俠先訪閻院長，再訪李代總統，告以勸何敬之任國防部經過情形。李氏託我轉告閻氏，何內閣成立不久即改組，其原有部會長官，希望少更動，以資熟手，並希望短期內將新閣組成。上午十一時閻院長來訪，他邀我入閣，我懇辭，允予從旁幫助。繼談內閣人選，我轉代總統意，主少更動，大約副院長朱家驊、外交胡適、財政徐堪，其他閣員日內當可決定。尤以閻氏告我端木傑聯任交通部，我在公私兩方十分愉快，深慶交通得人。

6月9日　星期四

　　上午九時出席中央常會，推我主席。討論最重要者為辦事迅速起見，在中央擬設七人駐會常務委員，在地方擬設執行部，以應付嚴重時局。閻院長今日兩次來晤，都是說非常委員會人選糾紛問題。蔣、李意見相去太遠，我們擬從中調解，從速組成，其結果由李代總統明晨約我們商談此事。閻氏又與我商談內閣人選。閻氏頭腦清楚，經驗豐富，此次出任行政院長，實獨一無二之人選。

6月10日　星期五

　　李代總統上午九時，約我與于右任、閻百川、朱家驊、陳立夫五人談非常委員人選。蓋名單有兩個，一係杭州會議十三人名單，一係蔣總裁所提十五人名單。此兩名單，蔣、李所最爭執者係童冠賢君，該會委員人數，為十一人乃至十五人。經討論後，以蔣、李所共同意者先發表。得此結論，總算圓滿，其他有問題，再從長計議。

6月11日　星期六

　　午後三時出席中常會中政會聯席會議，討論兩要案：一、通過非常委員案，計有蔣總裁、李代總統、孫科、居正、于右任、何應欽、閻錫山、吳忠信、張羣、吳鐵城、朱家驊、陳立夫等十二人。該會任務最高決策黨政聯系，該會成立後，中政會不再經常召開。又通過新行政院長所提政務委員部會長官名單。惟國防部長是

數日來組閣最難解決的問題，後由李代總統允以閣院長
兼任。今日李氏出席政會，忽強調以白崇禧任國防部為
最相宜，兩次起立說話，非常堅決，會場緊張。經很多
委員發言，將閣氏所提整個名單通過，李代總統與尚未
就職之新院長發生爭執，將來府院衝突必難倖免。我以
為代總統今日在大會可不必再提國防部事，既提出，未
能得大會同意，不但有損威信，而且發生裂痕。我對于
團結，發生大疑問，我廿多年一貫團結之苦心，從此付
之東流，我為國家前途大抱悲觀，豈真國運使然耶。晚
間閣院長來談，代總統要與閣氏聯電蔣總裁，推白氏任
國防部長，閣感困難，認為不妥。擬明晨晉謁代總統，
請其勿發此電。

6月12日　星期日

此次行政院改組，因國防部之爭執，吾人深恐代總
統行使其退回或緩發表行政院長所提任免案之權。今日
總統府將中央政治會議通過全部閣員名單一律公佈，以
閣院長兼國防部長。若大糾紛，至此告一段落，希望今
後府院，共體時艱，共赴國難，前途或有一片曙光。

6月13日　星期一

李代總統上午九時約我見面。我表示即將赴台，安
頓家眷。李說擬與閣院長聯名電總裁，保白健生任國防
部長，閣不肯。我說中央命令，久不生效，蔣先生因此
失敗引退，現在中央是假局面，命令更不能貫澈，白任
國防部，必須疏通官兵。李曰疏通蔣先生可矣。李又曰

擬打電報請蔣先生親自來廣州，他如不來，我（李）親
去晉謁。我曰請蔣來幹什麼，你去說什麼。李曰很多事
要與總裁說。李又曰，你去台灣，可代我（李）轉呈。
答曰可。李曰電報發不發。答曰我即去台謁總裁，何必
再發。計談一小時。我並表示團結無進步，國事前途黯
淡，我心灰矣云云。我數月來奔走，國事日亟，尤為辛
勤，所得結果，不如預期，經驗所及，精誠團結，甚為
渺茫。中國今日缺乏大政治家，足以振聾發瞶，力挽狂
瀾，言之可為一慨。

6月14日　星期二

　　午後二時李代總統約我談話，先談西北問題。李
說，馬少雲要做甘肅主席。答曰西北軍政，應注意回漢
感情，以及軍事第一為最高兩個原則。李深以為然。又
談組織非常委員會，他推我任秘書長，程思遠任副秘書
長。答曰中央政治會議秘書長本是我要擔任的，經我懇
辭，未發表，此次非常會秘書長，我仍不欲擔任的，
這件事是總裁的權，我當將此事報告總裁。李說由他
（李）打電報與總裁。答曰我要去台灣，可以面陳，你
的電報可以不打。最後我談及廣西故友王季文等眷屬情
形，及廣西老友張任民等等之情況，希望他回憶過去，
我與廣西廿餘年歷史感情之經過。

6月15日　星期三

　　甘肅郭主席寄嶠本日午後八時到穗，他晚間來談西
北情形，因中央處理錯誤，發生許多問題，擬設法補

救。約定明晨細談。

6月16日　星期四

　　清晨與郭寄嶠談話，他認為須顧慮回、漢、三馬（馬步芳、馬少雲、馬子寅）、新疆、綏遠、在陝、在甘中央軍隊等諸大問題，中央一錯再錯，不能三錯。他表示消極，不想回去。我勸他以西北大局為重，繼續努力，如因省主席應付困難，可派員代理，請政府發表陝甘邊區綏靖主任，或陝甘青川邊區綏靖主任，機關設隴南的天水，專管該方軍事，策應西北各方軍事。十時訪閻院長，詳談西北過去及現在情形，並主張由郭任邊區主任，閻表示贊同。午後六時李代總統約見面，談西北事。我堅主以郭任邊區，劉任代甘主席，不能再有錯誤。因甘主席係西北爭執之焦點，回教馬少雲想做，漢人反對。劉任係白健生向我推薦者。何敬之、朱騮先晚間來談團結。

6月17日　星期五

　　午十二時乘中國航空公司機飛台南，轉高雄。何敬之、顧墨三、郭寄嶠、端木文俠、黃少谷、黃季陸等到機場送行，甚感謝。經汕頭降落加油，午後三時十五分飛抵台南。蔣教育長經國到機場迎接，改乘汽車，于午後四時十五分到高雄，蔣總裁居住此地。當即晉謁，將月餘政情及西北諸大問題詳細報告。至關于蔣、李、閻見面事，研究結果，互有利害，此事關係重大，未作決定，請總裁考慮。關于非常委員會正副秘書長事，亦經

談及。計談二小時。晚八時半總裁便飯，同餐只有王雪
艇兄一人，餐後閒談即散。

6月18日　星期六

上午九時半蔣總裁再約見面，其談話如下：

一、全面支持閻內閣。

二、軍隊指揮統一，必須透過國防部，否則恐閻兼部長
　　消極或輕視我們。

三、加強非常委員會及中常會，孫科等均係兩會委員，
　　應回穗負責。黨國對孫等甚優厚，當此危急存亡之
　　際，總裁應該對彼等坦白表示，促彼等作革命最後
　　努力。

四、現在政局已至合與分的基本階段，我們仍是主張
　　「合」的。

五、總裁決定短期內赴穗，與李、閻見面，商談國事。

六、總裁決定以洪蘭友為非常委員會秘書長，程思遠為
　　副秘書長。

七、關于何敬之、朱騮先二人最近行動，恐總裁誤會。
　　經疏解，深得總裁諒解，並電約何夫婦來台見面。

八、總裁要我即日回穗，我允回台中料理家事後，即赴
　　台北轉廣州。

計談一小時卅分。上午十時半赴鳳山，訪孫司令立
人。我勸他埋頭苦幹、實事求是、少交際、勿宣傳，
免遭人忌，並強調與陳主席誠合作。他誠懇接受我的
話。孫送我到火車站，我乘午十二時火車先到彰化市，
轉車于午後七時到台中家中。晚間致端木部長文俠一

電，錄後。

急。廣州交通部端木部長文俠兄勛鑒：

　　密。蔣總裁擬短期內與李代總統、閻院長見面，並由總裁逕電李、閻二公矣。又李代總統推薦程思遠兄為非常委員會副秘書長，已蒙總裁贊同，將來與秘書長同時發表。弟旬日內返穗，請轉告代總統、閻院長為荷。

弟吳忠信巳巧

6月19日　星期日

　　總裁二公子緯國現任裝甲兵團副司令，近來有許多人對他批評很不好。因緯國是我看他從小長大的，所以今天上午去看蔣老太太，談及此事，蔣老太太也認為他實在不好，尤其是受了他（緯國）太太的影響，蔣老太太同他說話他不聽，所以蔣老太太要我同他說話，我當然要盡力去勸他的。外間所批評緯國的話，如他岳父的工廠，借了公家力量，全部搬到台灣；如撤退時，在上海低價買進很多汽車，運來台灣；如不服從司令徐庭瑤等等，故其部下都不以緯國為然，尤其對他太太干涉一切，無論到何處或見客，太太都是跟往，寸步不離，更為不滿。據我看，緯國原來是很老實的，恐怕完全是受了太太的影響，以致不聽母親的話，也不聽他哥哥經國的話。他父親蔣先生尚未知道，所以我一定要從旁好好去勸醒他。

6月20日　星期一

　　午後街市散步，此間係住宅區，商務甚小，氣候甚

好，較廣州氣候好多矣。夜間需棉薄被。

6月21日　星期二

　　蔣經國上午八時由高雄來電話與陳市長（台中）轉告我，務於本晚趕到台北，蓋蔣總裁今日將赴台北也。我午後乘車往台北，住凱歌歸招待所。晚間台省主席陳辭修（誠）來談，他現在一身兼任數職，所有在台政治、經濟、海陸空軍都歸管理，他認為責任重大，辦事困難，有消極意，有入川意，我加以勸勉。計談一時半，至夜十二時半始散。

6月22日　星期三

　　總裁昨日午後四時到台北，住大溪鎮，約我本日上午十時見面，我準時前往。計乘汽車行一小時，到達大溪鎮，遂即晤談。

一、總裁決定下月初赴廣州小住，即轉四川。

二、總裁表示主張合作團結，支持政府。

三、總裁決以洪蘭友、程思遠為非常委員會正副秘書長。至非常會副主席，用一人或二人，請大家研究。

四、總裁囑我明日回廣州。

五、總裁態度愉快，對國事前途表示樂觀。

六、總裁二公子偉國的母親兩手空空，託我請求總裁發應變防老費。總裁慨允，當即給二萬元。

七、談到四川問題，最好有如負責之陳辭修前往。總裁曰，陳去，他們要反對的。

談至午十二時，洪蘭友兄到，一同談話。十二時半共進午餐，午後二時偕洪進城。昨晚與今日分訪台北友人孫章甫、吳國楨、韓楚箴、黃朝琴等。晚七時，鄒秉文兄在台北招待所約我晚餐。晚間晤偉國，我將外間對他不好批評詳細忠告，他加以解釋。我勸他有則改之，無則加勉，倘你父親知道，一定要嚴責的。我又將總裁給他母應變養老費二萬元交偉國轉交，因蔣老太太來電話，囑交偉國。

6 月 23 日　星期四

上午八時晤陳主席（誠），告以我今日飛香港轉廣州。計談一小時。午後二時半，偕洪蘭友由台北起飛，五時半飛抵香港。因事先未定旅館，下機後無住處，由蘭友介紹住招商局招待所。朱國材、余建寅兩少年約我到淺水灣吃晚飯，朱將出國赴美。

6 月 24 日　星期五

上午十時訪陳光甫兄，他說英國幣將貶值，不但影響英國經濟，而且要影響美國，更要影響與英、美有關國家。這個問題很要緊，他正調查與研究。陳芷町約我與龔德柏在興甯招待所午餐，龔係在南京主辦救國日報，素稱敢說敢言，大家均呼龔大砲。我與他初次見面，大談曾、胡。偕洪蘭友乘中央公司空中行宮新式飛機回廣州，午後四時十分起飛，僅廿三分鐘飛抵廣州白雲機場，我第一次乘最快的飛機。我素來住顧總長家，今次端木部長代我準備在交通部宿舍居住，有兩大間房

屋，地點東山，空氣清爽。

6月25日　星期六

今上午分訪李代總統、閻院長、何敬之、朱騮先諸先生，報告此次到台灣之經過，及總裁囑轉告各人的話，非常圓滿，都表愉快。財政部徐部長可亭今日就職，余特往道賀。蓋財政困難為當前最大問題，徐氏有此勇氣擔任，真堪佩服，故余特別親往道賀。

6月26日　星期日

故友毛春台先生三公子以新來見，他現任粵漢鐵路總工程師。春台兄為人忠厚，子孫個個上進，真正難得。郭主席寄嶠來晤談西北問題，認為中央軟弱無能，認識不清，西北情形複雜，他個人表示消極，但對西北軍民情感，以及國家利害大計，又不忍即時離開。遂即往晤顧參謀總長商談此事，亦未得結論。蓋茲事體大，務必平心靜氣，從長研討也。

6月27日　星期一

今日上午十一時，李代總統約談西北時局。李出示西北長官公署參謀長劉任來函，有關甘肅省主席問題，據云：馬代長官以為馬鴻逵任甘主席為不妥，馬鴻賓年老亦不能擔任，甘肅本省中一時選不出人，主張仍由郭寄嶠繼續擔任或馬代長官自兼。代總統主張未決，詢我意見。余答：愚見以為此事應慎重考慮，以往西北問題之處理，開始失於草率，鬧成現在更緊局勢，不可再蹈

覆轍。如郭回任，必須要有辦法予以實力，否則以中央目前如此軟弱，西北環境如此複雜，命彼徒手空拳去周旋應付，結果必仍是於事無補也。此事似宜與閻院長詳商後，再作決定為妥。西北問題重要關鍵在團結，依余廿餘年奔走國內大團結體驗所得，團結之道，厥在使每個人或每一集團，彼此皆能在其範圍內求其合理生存與發展，他人或他一集團不應予以干涉阻礙或破壞，否則團結即不可能。譬如民國十八年，中央、廣西之衝突，余即反對，因而出洋。民國廿五年，中央、廣西再度衝突，余亦不贊成，當即辭去貴州主席。這就是我主張團結，個人無所求、無所圖精神之表現。團結之道，余更有一比喻，譬如一鄉之內，有若干大戶、小戶，彼此有其發展之範圍，大戶不應欺壓小戶，小戶不應搗亂大戶，彼此應該和衷共濟，各在自己範圍內為其合理之發展，如此方能作到精誠團結，共禦盜匪，共求生存。不可矛盾磨擦，抵消彼此力量，招致外侮，以召滅亡。此理至為淺顯，然由小可以喻大，今日西北局面，乃至國內大局，均可類推以為一切舉措之標準也。代總統聽我這番話，很為動容，我亦趁此機會，發揮我自始至終主張團結之志願與公正之精神。午後閻院長來晤，仍談解決西北問題，未得結論，又交換時局之意見，計談一小時。

6 月 28 日　星期二

　　本日見客很多，如內政部長李漢魂、蒙委員會委員長關吉玉、財次楊綿仲、行政院政務委員王師曾（青年

黨，四川人，談川康情形），以及陳立夫、洪蘭友、程
天放等廿餘人，我強調大團結。接衡陽來電，老友謝
炎煊（文炳）于六月十四日病故。他出身行伍，官至軍
長，作戰勇敢，軍事天才，于民七年在粵與我認誠，併
肩作戰，感情最厚。老朋友多先我而去，我尚苟延，殊
深感慨。

6月29日　星期三

今日分別回拜朋友萬刃千等十餘人。

6月30日　星期四

現正等待蔣、李、閻見面，與夫解決西北問題。此
二事完成後，即擬回台休息。

7月1日　星期五

一、西北馬代長官派趙珮（德玉）、馬紹武來見。趙係
　　派來穗請求補充糧餉械彈，馬係派往台灣晉謁蔣總
　　裁報告近況，並有所請示，請我介紹。我當向趙、
　　馬二人表示，馬代長官要與郭主席合作，彼此幫
　　忙，纔能安定西北大局。我過去幫忙馬代長官係在
　　政策上幫忙，此次馬氏出任西北軍政代長官就是政
　　策之收穫，我今後仍當在政策上為之幫忙。至當前
　　小小人事何足介懷，馬代長官應領導維護西北各
　　派勢力，為整個西北人民打算，則光明前途何止
　　于現在。

二、朱騮先來云，立委蕭一山主張蔣總裁出山負軍事責
　　任，李代總統贊成。但此種主張在不久以前亦有人
　　向我說過。以當前軍事，必須蔣出山領導，以國內
　　人心與國際關係，出山似覺太早。

三、午後六時半訪晤李代總統，因蔣總裁隨從秘書周
　　宏濤來（卅）電云，李代總統代表甘介侯在紐約演
　　說，作反蔣言論，當前國內正努促進行各方團結，
　　此種言論頗有逾越立場等語。當將此事詳告代總
　　統，當承允許立即去電甘介侯予以糾正。計談一
　　小時。

7月2日　星期六

　　午後四時出席中央常務會議中央政治會議聯席會
議，推我主席，討論恢復銀元本位，重建幣制，擬具銀
元及銀元券兌換、發行兩辦法案。此案關係重大，經三

時半之研究，予以修正通過。就貨幣理論，恢復銀元兌現是百分之百開倒車，但政府過去發行紙幣迭次失去人民信用，不得不用最舊辦法。據徐財政部長云，除去現存黃金二百八十萬兩外，財部現有價值一億五、六千銀元現款，除還舊欠，預計可以支持六個月。我結束此案後發言，政府各種信用都已失去，所以我們失敗，希望此次改革勿再失敗，並希望徐部長破除情面，整頓公營事業。時已七時卅分，宣告散會。上海市中國共產黨昨日之公告中，已將中華民國改為中華人民民主共和國，此第一次應用此一名稱。

7月3日　星期日

午後六時參加安徽國民大會代表聚餐會，聯絡感情，交換救鄉意見。

7月4日　星期一

上午九時至中山紀念堂聯合擴大紀念週，推我主席，行政院閻院長施政報告。

7月5日　星期二

中央非常委員會係政治最高決策之組織，主席由總裁自兼，另有副主席一人至二人。此種人選，稍有不慎，必引起政治糾紛。以當前情形，自以李代總統與孫科二人擔任最為相宜（孫本是中央政治會議副主席）。茲為慎重計，特託端木文俠探詢李代總統之意見。李贊成設二人，但不贊成孫任副主席，推舉我任副主席，我

為保持素來超然地位，便于團結各方起見，予以辭謝。
我擬推閣院長錫山擔任，究應如何，應由總裁自行決
定，當由洪秘書長蘭友先將此意電報總裁。

7月6日　星期三

侯局長家源（甦民）偕故友裴季浩公子明龍來見。
明龍已在美國康奈爾大學讀書，得工學博士，該校請他
任教授，擬偕其妹前往，託我請教育部發護照。

7月7日　星期四

今日係抗戰紀念十二週年，朝野人士發表反共救國
宣言，呼籲精誠團結，堅持反共鬥爭，簽名者蔣總裁、
李代總統、閻錫山、胡適（名流）、于斌（天主教）、
曾琦（青年黨）、張君勱（民社黨）以及政府首長、
各省民意機關代表，及國民黨元老吳敬恆與我等，一共
九十九人。蔣總裁對美國記者表示，自孫總理逝世後，
即繼其為袖導國民革命之領袖，今後仍繼續領導國民革
命，反共戰爭必獲勝利，倘任共產主義蔓延，世界大戰
必難免，美應對我政府重申道義援助。文字很長，其結
論，自當盡其畢生之力，號召全國一切力量，鬥爭到
底，個人對于政治地位，實毫不縈懷。以上兩個文件，
意義甚深，影響國內國際甚大，亦是蔣總統引退後，最
重要而明顯之申明革命領袖之地位，繼續革命。午後五
時李代總統約見面，談西北問題。

7月8日　星期五

顧總長墨三由台灣于午後五時飛抵廣州，我到機場迎接。

7月9日　星期六

現在等待蔣總裁來穗，與李代總統、閻院長見面後，我即擬回台中休息。

7月10日　星期日

中孚銀行總經理孫錫三偕其公子，本晨由香港來穗。據云中孚業務，尚可維持開支。我向他說，做商業人，當此戰爭時期，應以力圖生存，避免是非為原則。

7月11日　星期一

上午九時出席中央常務會議政治會議聯席會議，聽取軍事、外交、財政報告。何敬之夫婦本日午後二時由台飛抵廣州，我到機場迎接。

7月12日　星期二

總裁日間將來穗，經國先來佈置處住。經國午後來見，據云總裁十五或十六可到。

7月13日　星期三

總裁來穗住處準備有兩處，一在東山陳濟堂公館，一在黃浦。今晨八時半偕經國親往黃浦察看。兩處各有利害，黃浦比較安全。

7 月 14 日　星期四

中國航空公司推我為股東代表及董事，今日上午十一時，該公司召開股東臨時會及董事會，我準時出席。正會議中，忽得蔣總裁已到廣州的電話，正往訪李代總統、閻院長。我趕往行政院與總裁見面，總裁連說你精神很好。因閻院長公出，陪同總裁到閻公館晤閻，又陪同致于院長等處拜訪。總裁下榻陳公館，午後三時約我談話，彼此交換時局意見，以及成立非常委員會等等事宜。

7 月 15 日　星期五

下午四時參加蔣總裁在梅花村招待在穗全體中央執監委員茶會，總裁簡單致詞，強調保衛廣州。茶會後，總裁約我談話，研究非常委員會副主席問題。雖組織法可以設二人，但主張暫設一人，以李代總統擔任之。

7 月 16 日　星期六

奉總裁命，上午八時偕洪蘭友訪李代總統。告以非常委員會副主席，本擬請你（李）與孫科二人擔任，現孫將出洋，擬請你（李）一人擔任。又非常會擬在重慶、台灣等地設分會，李均贊成。上午九時出席中央常務委員會中央政治委員會之會議，蔣總裁親自主持其會議。大要：

（一）總裁致詞，對戰事失敗坦白自責，對諸同志很多勉勵。

（二）報告赴菲律賓，在碧瑤與菲總統季里諾會談，

組織遠東反共聯盟之經過，請本會詳加討論。
總裁說明後，李代總統與閻院長共同提出決議
文，略謂本會茲代表本黨鄭重表示，願盡全力
支持總裁與菲總統所成立之協議，並當聯合友
黨，請政府立即採取步驟，以實現此項協議。

（三）決議推李宗仁為非常委員會副主席，任命洪蘭
友為秘書長，程思遠為副秘書長。

十二時散會，十分圓滿。午後四時出席非常委員會成立
第一次會議，委員十二人，除居正請假外，全體到會。
蔣總裁主席，對當前局勢有所討論，又對閻院長所提扭
轉時局案，決議由各主管擬成方案，再提會討論。又通
過設重慶、台灣兩分會。六時半散會。今日上、下午之
兩次會議，意義至為重大，結果亦極圓滿。在上午會議
中，李代總統表示團結為極好象徵。憶自蔣總統引退
後，外而匪寇猖獗，內而意見紛歧，數月來徒耗精力于
人事擾攘之中，未聞作戡亂復興之根本大計，萬分可
惜，我奔走呼號，不避艱苦，乃卒有本日之成就。此在
政治上已踏入漸進康莊大道，仍須遵循前進，以收優良
之效果。惟軍事及財政現正瀕于崩潰邊緣，亟望當局速
圖挽救之也。

7月17日　星期日

近日來訪我客人甚多，我很煩神。今日星期日，稍
予休息。

7 月 18 日　星期一

下午四時，至梅花村蔣總裁行館出席中央常務會議。總裁親自主持，討論總裁本黨改造交議方案，通過接受實施。至其內容，組織改造籌備委員會，揭櫫現階段政治主張。此案頭頭是道，重在能否實行，萬不能再蹈已往決而不行之故轍也。李代總統于晚八時在官邸歡宴蔣總裁，並請我與閻錫山、于佑任、孫科、吳鐵城、張羣、陳立夫、何應欽、朱家驊、王世杰、陳濟堂等作陪，席間賓主感情融洽。

7 月 19 日　星期二

李代總統約上午九時談話，我約文俠同往，稍頃朱驊先亦來參加。李提出上總裁書面改革軍事，只論事，未提人，我認為得體。我們答曰此事應先與閻行政院長一商，我們當從旁努力。計談半小時。我十時晉謁總裁，報告此事。我強調總裁此次來穗，對于黨務、政治與團結均有收獲，惟軍事迭次失利，一般希望有所改革，總裁應有所表示。總裁很動容，問如何表示。因他待見客太多，說再談。

7 月 20 日　星期三

總裁移住黃浦，今晨約見。十時到達，十時半晤談，在坐有洪蘭友、陳立夫、鄭彥芬、谷正綱、張道藩、沈昌煥、黃少谷等。總裁詢問當前局勢，各人發表意見。我說：

（一）應選各地方負責重心人物，在他以下人員之功
　　　過與進退，授權由他處理。

（二）本黨人材很多，能任省主席及中央部會長官都
　　　不下百人，但為何失敗，要反省。現在要選
　　　能幹、願幹、敢幹的人，反之不能幹、不願
　　　幹、不敢幹的人，尤其是迭次失敗，可以不
　　　要再用。

（三）對于老年人、中年人、少年人選擇，亦要有個
　　　標準。老年人重在體健、知識進步，中年人重
　　　在修養，少年人重在學力。

總裁聞之很動容，在坐諸人都表同意。最後談到李代總
統對國防部及一般軍隊之不滿，同人均有此觀感，請總
裁與閻兼部長研究。十二時離黃浦。午十二時半，孫哲
生、吳鐵臣招待午餐。陳光甫兄派徐大椿來問當前一般
政情。

7月21日　星期四

　　總裁約我晨七時半到黃浦，至時知總裁已登華聯
輪，即開台灣。先與我談，總裁表示關于李代總統推薦
白健生任國防部事，總裁認為現在不行，俟至相當時
間，他可提出（給總裁提）云云。紛擾數月之國防部問
題，至此暫告一段落。繼與李代總統談話，再與顧墨
三、余漢謀、薛岳、鄭彥棻、黃少谷及我等一同談話。
總裁轉述代總統意，擬請我赴西北調和各方軍政意見。
答曰如有必要，我可前往。又問我有無其他意見。答曰
現在政治情形很好，我們稟呈總裁、代總統慢慢向前做

去，當能更好，惟軍事要能站得起，方有辦法。總裁約
代總統遊覽台灣，時已八時四十分，因潮水關係，即需
開船，我們與總裁把手而別。總裁來穗一週，一切總算
圓滿。

7 月 22 日　星期五

今日上、下午都是回看朋友。

7 月 23 日　星期六

晨訪西南軍政長官張羣，他表示十分消極。我擬向
總裁進言，要他幹，必定要解除他所感困難。

7 月 24 日　星期日

擬下星期五回台灣休息，久在此間，實在無聊。眼
看軍事、政治、經濟將至末路，我已盡最大努力，無可
挽回，豈真天數使然耶。張厲生兄來暢談，並留晚飯。

7 月 25 日　星期一

上午九時出席中央常務會議。吳鐵臣報告，將以外
交協會理事長名義遊覽日本、朝鮮，運用國民外交，幫
助政府。

7 月 26 日　星期二

近日共軍向長沙、株州、衡陽急進，決戰已開始。
此一戰之勝負影響華南，尤其是廣州，萬一湖南如告失
陷，將使華南愈形暗淡。

7月27日　星期三

今日行政院會議通過特派馬步芳為西北軍政長官，郭寄嶠辭甘肅主席照准，以馬鴻逵繼任。此項調整係李代總統、閻行政院長所決定，未提非常委員會。我對西北素來採均等主張，不為一派獨佔，因我與他們主張不同，故事先不使我知之。如此情形，難免後果，何況兩位馬先生意見大有出入乎。我同情西北人民，為西北人民擔憂。

7月28日　星期四

上午九時出席中央常務會議。上午十一時半與陳立夫、洪蘭友談西北局勢，他們認為郭寄嶠退出西北，就中央失去西北均衡領導之地位，則西北從此多事矣。因明日赴台灣，本晚晤閻院長辭行。閻曰當前要有三變：

（一）財政要變，應由地方政府代為收稅、代為支出。

（二）戰略要變，以攻為守，寸土必爭，能如此，尚可支持三個月。

（三）政略要變，實行總體戰，能如此，尚可長久戰。

他又說應防敵奇襲台灣、奇襲重慶。

7月29日　星期五

我上午十時半到白雲機場，何敬之、顧墨三、端木文俠等到機場送行。乘中央公司空中行宮，于十一時半起飛，午後一時四十分到台北，此乃在中國最速之飛行。下楊重慶南路三段九巷一號，中央銀行招待所。下午四時到後草山晉謁蔣總裁，談一般大局。我強調應切

實整理黨政軍，以及選賢任能，一般老僧常談。他有下
列數點表示：

（一）以馬鴻逵為甘省主席，未經非常委員會同意，
　　　于法不合。

（二）對于新疆部隊撤退很關心，要重加考慮。

（三）他將赴朝鮮訪南韓總統李承晚，然後再赴四川
　　　一行。

（四）談四川事，認為張長官岳軍堅辭，如能以朱一
　　　民為長官、郭寄嶠為參謀長最為適當措施。

計談二小時又卅分之久，始散。晚七時，陳主席在台北
賓館招待李代總統晚餐，約我作陪。餐後我與陳、李個
別談話。陳以台灣地方重要，責任重大，故對于東南軍
政長官迄未就職，我力勸他勉為其難。又與李談，他表
示他明日回廣州，將往西南、西北各處視察。十一時回
寓休息。

7 月 30 日　星期六

　　午十二時，陳主席在台北賓館為李代總統餞行，仍
約我等作陪。李氏午後二時到機場，立即起飛回廣州，
蔣總裁及我等親往送行。李氏此次到台，受省當局熱烈
歡迎，乃台灣空前之舉，蔣總裁親自迎送，以常理論，
李氏當然滿意。

7 月 31 日　星期日

　　乘上午十時半車回台中，教育部長杭立武因赴台中
處理故宮博物院古物，與我在車中相遇。午後一時到台

中，申叔等車站迎接。

8月1日　星期一

訪陳果夫兄及蔣老太太等。此間氣候較廣州涼爽，于人身體適宜。

8月2日　星期二

中共反對英、美帝國主義，英、美漸漸覺悟，又將援助國民黨，並認蔣總裁是國民黨唯一領袖。國際間既有如此轉變，我們自家要大大振作。

8月3日　星期三

與前青島市長李先良，及同鄉魏壽永、朱興良暢談三民主義，係總理四十年前所主張，與新的社會主義相比，自然落後。我們推行三民主義，應採極積性，使社會易于接受。

8月4日　星期四

記邊政之失敗

余主持邊政達十年，最大收獲，厥為西藏與西北。蓋西藏自民國成立後，即如脫韁之馬，不肯就範，余于廿八年入藏主持第十四輩達賴坐床，旋設立蒙藏委員會駐藏辦事處，中央在藏之主權因以確立，中央與西藏之關係亦漸入佳境，此不啻收回西藏之版圖。在西北方面，則自余三十年考察西北起，馬步青撤離甘肅之河西，馬子香親蒞陪都，中央與西北之情愫，始融洽無間。繼而新疆之傾誠內向、余之主政新疆，均以該行為基礎，整個西北亦遂團結在中央控馭之下。乃近數年

來，以中央之措置不慎，復加匪寇猖獗，政府播遷，致
使西北及西藏地方力量日益長大，余上述兩項之收獲，
瞬將歸于漸滅。西藏自卅六年，前攝政王熱振被害，卅
七年商務代表赴美，態度日漸囂張。近以中央明令確認
官保慈丹為第十輩班禪之刺激，乃用防共為藉口，盡逐
中央駐藏官吏，從此西藏之去中央，又將一日速一日
矣。西北自張文白被免職，馬子香代軍政長官，遂啟紛
爭之端。初則馬子香、馬少雲協議，子香任長官，少雲
任甘省主席，同力反甘主席郭寄嶠。及郭堅不回任，子
香又欲兼任主席，郭雖奉總裁面諭回任，但亦無可如
何。迨少雲抵穗，力詆子香，中央乃發表少雲主甘之
命。如此硬性幹法，難免後果。至于新疆方面，現亦
日趨疏隔，將來如何，殊不可知，惟有問天，誰為為
之，至于此極。回想余過去之辛勤與苦心，實不知淚之
何從也。

8月5日至6日　星期五至六

【無記載】

8月7日　星期日

從五日、六日及今日共三日，都在家休息，身心舒
適。但往來客人甚多，我亦偶而出門回拜。

8月8日　星期一

最近湖南省主席兼綏靖主任程潛變節，響應中共，
通電主張和平，經政府將程免職，以陳明仁繼任。不數

日，陳明仁又變節，政府將明仁免職，以黃杰繼任。長
沙局勢如此突變，影響華中戰局極大。程潛資望甚深，
陳明仁軍校出身，此二人變節，影響一般大局尤大。他
們不但反對中央，尤其是反對廣西李、白。

8 月 9 日　星期二

　　偕麗安、伯雄、申、庸、光三兒遊台中名勝、日月
潭。乘午後一時半公共汽車由台中出發，午後五時半到
日月潭，下榻涵碧樓旅社。

8 月 10 日　星期三

　　上午八時乘汽油船，先拜文武廟，再至高山族居住
地方，觀該族婦女舞，最後遊湖一週而返。查日月潭一
名水社湖，又名龍湖，大尖山等高峰圍繞其間，嵐影倒
映，水碧如藍，朝暉夕陰，氣象萬千。日月潭為台灣最
主要水力發電之蓄水池，為世界僅見之水力發電之天然
大湖。日月潭之命名係清光緒三年清將領丁如霖曾到潭
巡視，以其形狀如日月，遂取名為日月潭。

8 月 11 日　星期四

　　乘公共汽車于上午八時由涵碧樓起身，午十一時
四十分返抵台中。因蔣總裁有電話來約赴台北，擬明日
午後前往。近日軍事更不利，西北自平涼、天水失陷，
繼之靜寧又放棄，蘭州危急。同時贛南興國淪陷，贛州
重鎮電信不通，危在旦夕。又共軍有兩個軍集中浙江鎮
海，有攻舟山列島之企圖。

8月12日　星期五

乘午後一時半車赴台北，仍下榻中央銀行招待所。
八時半總裁約晚餐，有張其昀、吳國楨、王世杰、沈昌
煥等在坐。係談應付美國白皮書事，各有意見，總裁主
暫時觀望，至少再待一星期。至十時與吳國楨同車下
山，到吳家談白皮書，認為對中國悔辱太甚，我們要慎
重答復。

8月13日　星期六

今日拜訪朋友，與王東原談一般軍事，留王晚飯。
又與台灣物資調節委員會主任委員趙志垚（淳如）暢談
台灣經濟，以現在情形，各種經濟事業只能做出開支。

8月14日　星期日

接晤立法委員鄧鴻業（建侯）、竇子敬，談當前雲
南局勢複雜微妙，中央如處理不慎，必生大變，則西南
動搖。西北軍政長官馬子香（步芳）已到廣州，即來台
北晉謁總裁。我在此等待馬氏見面後，即赴廣州，因非
常委員會開會不足法定人數，故總裁及洪秘書長等促我
回穗，參加該會。

8月15日　星期一

臨時得廣州電話，說馬子香本日午後五時可飛抵台
北。我屆時前往機場迎接，至七時飛機始到，西北綏靖
主任胡宗南同機來台。陳省主席八時招待馬、胡晚餐，
我等作陪。子香云西北軍事危急，此來請商之事：

（1）速派飛機助戰。

（2）左右兩翼馬少雲、胡宗南兩部速夾攻。

（3）請中央補助武器。

（4）甘肅新主席馬少雲從速到任。

子香感于責任重大，軍事吃緊，態度時有情急不自然之表現，我多方勸慰。蓋中央處理西北欠周，不但影響大局，而且增加子香困難。子香夜十時赴草山晉謁總裁。

8 月 16 日　星期二

總裁約我上午十一時見面：

一、談馬子香來台請求，我力主在可能範圍儘量允准。總裁深以為然。

二、談寶立法委員報告雲南內情，我主張處理應採慎重政策。

三、報告我日內回穗。

四、談軍事，應認清戰略、戰術要點，軍隊要機動。總裁曰很對。

午十二時總裁招待馬子香一行午飯，我等作陪。子香乘午後一時半機飛回穗，我機場送行。子香此來與總裁談話相當圓滿。

8 月 17 日　星期三

晚八時，王空軍副總司令叔銘、蔣教育長經國招待我與胡長官宗南晚餐。何敬之夫婦今午後飛抵台灣，我晚十時往訪，他態度消極。

8月18日　星期四

　　福州昨日已放棄，台灣受威脅。朱省主席一民昨日飛抵台北，我上午十時往訪，他堅決表示不願再負方面實際責任。蔣銘三現擔任東南軍隊點編委員會主任委員，他說確三、四十萬兵員，如能團結，必有希望。本日（十八）上午十一時蔣總裁約我見面，其談話：

一、我說台灣、四川有天時、地利之優良條件，惟人和不夠，請總裁在人和方面多做工作，尤其是幹部團結，不能再緩，否則還要失敗。總裁曰很對、很對。

二、西南軍政長官問題，張岳軍既堅決求去，是否即照前議發表朱一民繼任。總裁曰，朱新由福州退守，未便發表，究以何人為宜。我曰，何敬之不願幹，一時想不出他人，是否以顧墨三、蔣銘三擇一繼任。他曰，顧走不開，只有蔣銘三。嗣又談及長官公署參謀長，彼此認為以郭寄嶠為相宜。

三、問總裁何時赴四川，他說因福州方面撤退後之佈署，須稍緩。我再問尚有幾天。答曰大約尚有五天，並擬由廣州經過。

四、總裁囑轉告馬長官步芳，他請派飛機助戰，如天氣良好，三日內可飛抵蘭州。

居覺生兄住在草山總裁公館間壁，就便拜訪。我乘中央公司空中行宮，于午後一時十分起飛，三時四十分抵廣州，文俠、蘭友、昆田、寄嶠、驪先，機場迎接。晚在顧墨三家便飯，又遇胡宗南，談新疆部隊撤退問題。我說時期早已過去，現在只有令該部隊長官等酌奪情

形，研究生存之道。麗安偕庸叔乘上午八時火車回台中
（十八日）。馬長官步芳今晨飛回蘭州，甘新省主席馬
少雲本約定一同飛蘭，聞到機場臨時更變，另乘飛機回
寧夏，使馬長官大大失望。這與西北團結與戰事大為不
利，亦是中央處理西北失敗之結果也，西北人民從此水
深火熱矣。

8 月 19 日　星期五

上午十一時拜訪李代總統。十二時拜訪閻院長，並
與閻談新疆撤兵問題。我曰時機已過，只有令中央及該
地方負責當局研究生存之道。午後訪于右任先生，他擬
赴台灣休息。午後七時歐陽市長招待晚餐，有顧墨三、
孫仿魯（連仲）、俞樵峯等在坐。

8 月 20 日　星期六

上午十時半李代總統約談話。

一、李曰總裁如去四川，希望由廣州經過，耽擱一、
　　二日。

二、李曰財政危急，政府舉辦愛國公債三憶元，應先向
　　黨內有錢人勸募，擬請總裁予以策勵。

三、我向李曰，美國發表白皮書，好的方面，確認中共
　　係馬克斯主義，及中共為蘇聯工具。壞的方面，認
　　為國民黨政府無希望，今後援助中國民主人士，因
　　此投機取巧以及沒有出息的人，另想組織求美援，
　　這是美國進一步向國民黨擣亂。

我又向李說，現在一切事，就在你與蔣先生兩個人身

上，你二人都是我的好朋友，倘你二人弄不好，則表現
我居中無能，就是社會上人亦要責被我為何辦不好，我
實無詞以對。李氏聞之，很為動容。

8月21日　星期日

　　上午九時半，約馬長官步芳駐京代表趙佩（德玉）
談話，詳細說明此次西北軍政轉變之經過。如要照我的
辦法，何至有當前困難與危險（現在敵圍攻蘭州，形勢
緊急）。

8月22日　星期一

　　中國航空公司在香港工廠，港督以軍事為名而徵
用。該工廠係上海遷來，價值二千萬美金，因此本日午
後四時在香港招開董事會。我是董事，故于上午十時
半，偕高大經兄由穗飛港，下榻半島酒店。午後四時出
席該會，經三小時之討論，決定一面向港督交涉，一面
設法遷移。港督此舉有政治性，以及同業競爭亦一大原
因也，此皆國民黨失敗有以致之也。

8月23日　星期二

　　上午十時到九龍醫院看孫章甫先生病。他年歲已
高，每日發熱，聞係膽病，因身體衰弱，不能用手術。
本擬在港稍留一、二日，拜訪故舊，因忽接墨三、文俠
電話，蔣總裁將于今日到穗，遂乘午後三時半中航機飛
穗。午後五時半在梅花村晉謁總裁，談及一般政局，尚
屬平穩，惟軍事吃緊，真堪注意。總裁曰明日飛四川，

約有一星期耽擱。計談四十分鐘，並共進茶點。

8月24日　星期三

蔣總裁上午九時半由天河機場飛重慶，我與李代總統、閻院長等機場歡送。

8月25日　星期四

上午九時出席中央常務會議，推我主席。吳委員鐵城報告訪日經過，據云美駐日佔領軍領袖麥克爾瑟向吳表示，美國幫助中國乃時間問題，中國政府要能支持六個月。中國要打勝仗或小勝仗，自家要能佔得著，人家方可幫忙。至午後一時散會。

8月26日　星期五

上午九時出席非常會議，李代總統主席，討論閻院長扭轉時局，有關財政、教育、外交等方案。閻氏動機甚善，但以現在形勢，該方案很難實現，此種文章亦不過一時安安人心而已。又決定設法提高士氣，獎勵有功將士。至午後一時散會，即在非常會午飯。

8月27日　星期六

上次到港，匆促回穗，想拜訪朋友，多未及往。故于今日午後四時半，乘中國航空公司空中霸士飛機，仍由該公司招待下榻半島酒店。政略、戰略，西北重鎮之蘭州業已放棄，惟西北各軍主力未被擊破，如能團結協調，將來戰局或可扭轉。此次西北失敗首先在政治，蓋

自張文白長官去職後，人事問題糾紛兩、三月之久，日
前始勉強解決，但因失去以往均衡方式，以致作戰未能
齊一動作，予敵人進攻蘭州之機會。由其是中央處理此
案，事先既未徵求我的意見，事後又未能容納我主張，
良可嘆也。中央群龍無首，各懷私見，不但西北失敗，
其他各方之失敗，責任都在中央。

8月28日　星期日

今日分訪陳光甫、陳芷町、孫仲立、孫錫三、衛立
煌等。光甫留我午飯，暢談三小時。他的身體與興致都
不如前，對于時局觀念無所是從。好人遇到如此惡濁世
界，當然如此態度也。衛俊如夫婦約我晚飯。我勸他值
此是非不明、動蕩不定之社會，萬勿亂動，應保全革命
歷史，勿為政客利用。他接受我的忠告，我所以向他忠
告者，因他與我有歷史之關係也。

8月29日　星期一

連日與郭寄嶠晤談，我忠告他曰，你年力富強，有
學力、有聲望、有地位，大可為黨國做一番大事業，但
必須遇事忍耐，則前途光明可預期也。乘午後四時半中
國航空公司機飛回廣州。晚間交警總局局長馬志超來
見。據云所部將編成四個師，他想大部集中四川，將來
經營西北，託我說項，達此目的。

8月30日　星期二

回拜青年黨李幼椿先生，暢談四川局勢。他以為必

須團結，尤須領導得人，四川社會民生甚安定，土共極少，而省內外軍力，亦屬充實。

8月31日　星期三

上午九時出席非常會議臨時會，李代總統提議檢討蘭州軍事失敗責任，及保衛廣東之計劃。此兩案完全行政院與國防部的事，似可不必在非常會提出。各委員多有發言，我很坦白表示，過去處理西北之經過，此次西北之失敗首先在政治，至軍事不能協調齊一動作，由來以久，如欲追求責任，則過去與現在之失敗，均應秉公檢討也。至保衛大廣東早應準備，何以到現在纔來計劃，守備廣東必須守三南，所謂三南者，閩南、贛南、湘南是也，萬一有一面不守，則全局動搖，但後方尤為重要。我們失敗總因是政治不良，土共紛起，擾亂後方，此乃軍事總崩潰之主要因素也。

9月1日　星期四

　　海軍宿將老同志陳策先生昨午病故，今晨大殮，我于九時親往弔唁。陳氏奔走國事，厥功甚偉，此人忠義勇敢，為不可多得之黨人。上午九時半出席中央常務會議，因前日（卅日）在廣州各黨派及各級民意代表開會，為要求確保華南，不滿國防部參謀長顧祝同兄之措施，一致攻擊渠係失敗主意者，渠之任何策略未能挽回目前之危局，彼等公然要求最高當局撤查顧氏，另委人員充當斯職，並擬遊行請願。此種舉動越出範圍，必有幕後指使者，稍有不慎，必起大風潮，予敵人搗亂之機會，在政府本身，亦必發生糾紛，甚至同歸于盡。當經常會決定，推吳鐵城等數位同志查明此事之始末，消患于無形。據我所知，顧氏是一個最忠厚而奉公守法的人，因各方牽制太多，不能行使職權，其內容又未便向外說明，所謂啞子吃黃蓮，說不出的苦，因人受過，奈何。午後訪吳鐵城兄，如因反顧遊行請願，恐生事端，務請吳特別注意，最好不要遊行。

9月2日　星期五

　　上午與洪秘書長蘭友談話，彼此認為最近數日政治動態，恐生變化，深感不安，尤其是我素來主張團結，遇到此種可能失敗，十分憂慮。我廿多年來，為蔣、李兩位橋樑，但時斷時修，皆因橋腳堅固之故也，所謂橋腳堅固者，就是我對雙方信用與人格之完全也。今者我如不能維持，又不便走開，眼看橋斷，人將批評我無能，誤會我有何作用，則橋腳亦將動搖矣，于公于私，

都是不利。我是重感情負責任的人，不能即時離開，奈
何。擬向蔣總裁及各方說明，准我暫時走開為上也。雖
然如此，我仍當最後努力，盡我良知。

9月3日　星期六

午後二時在顧墨三家遇華中總司令白健生兄，他說
此次湖南擊敗共軍之經過，與夫白氏對于軍隊之賞罰，
及訓練改進之辦法。我向白說數月來政治情形，蓋自本
年一月至六月毫無進步，嗣你在中央常會主張蔣、李
二人見面，我主張二人見面後，要他二人各負其所負之
責任，中央即照此主張作決議，我們根據多方運用，結
果七、八兩月政治大有進步，希望今後更有進步。言下
今後不要出事，白甚瞭然。西北軍政長官馬子香本日抵
穗，午後七時來晤談。此次血戰蘭州七晝夜，敵死傷
四、五萬，終以彼眾我寡，援兵未到，自動放棄蘭州。
同時敵另部佔臨夏（河州），渡黃河襲擊化隆，威脅西
寧，秩序大亂。子香親送家眷到台灣，蓋子香制軍以
來，從未受過如此打擊，態度非常消極。子香係回教
徒，擬趁此機會赴阿拉伯麥加朝聖，託我向政府請求發
給出國護照，至西北軍事，由其子繼援負責。我勸他軍
家勝敗古今常理，不足介懷，可收集舊部，再接再厲。
子香與我感情甚好，當為之幫忙一切。

9月4日　星期日

昨日李代總統託鄒海濱先生向閻行政院長表示，請
閻辭兼國防部長，由白崇禧繼任，否則代總統免閻兼國

防部職。閻答曰為團結而兼國防部，如辭國防部，必妨害團結，萬一代總統免職，則行政院長不署名，命令不生效力。數月來國防部吵鬧不已，一方面志在必得此統帥大權以好為所欲為，一方志在不放此生命線以圖生存。憑心而論，桂系既得總統政權，又要掌握軍權，似覺太過。此次代總統與行政院長皆取斷然態度，在政治上少有之現象，我們深夜與洪秘書長蘭友等研究如何和緩，以免各走極端。總之各懷私見，不顧國家存亡，使我無限痛心。上午九時出席非常委員會，至午後一時半散會，並無重要案件，都是說說無聊的話，好在未提國防部問題。

9月5日　星期一

為馬子香（步芳）赴麥加朝聖事，特于上午十一時訪閻院長磋商。閻允俟與李代總統面洽後，即可批准，惟望子香早日歸來，在朝聖期間，軍事由其子馬繼援負責。閻又曰，李代總統向徐部長永昌表示，如閻不辭兼國防部，則閻將誤國。閻曰不辭國防部是因為團結，就是誤國，是很慢的，白崇禧任國防部，妨害團結，其誤國必更速。雙方鬧到如此地步，實在不成話說，黨國焉有不亡之道耶。

9月6日　星期二

午十二時卅分，顧參謀長招待馬長官子香午飯，我與徐永昌等作陪。子香朝聖事，已得當局許可。午後與子香談話，他所部堅守蘭州，敵傷亡五、六萬，他所部

亦傷亡七、八千。他的騎兵很少損失，現仍集結于西寧附近，與敵週旋。他所部尚有騎兵一萬多、步兵一萬，都是強有力部隊，再以青海天然適合他的軍隊，氣候、地形與夫一般生活習慣，則其部隊不但可生存，而且可以反攻，達到勝利之目的。

9月7日　星期三

午十二時李代總統招待在穗中央執監委員午餐，我準時前往參加。李氏表示聚餐之意義，並主張團結及革新政治。與聚餐者，除表感謝之意，未發表政見。

9月8日　星期四

上午九時出席中央常務會議。午後與洪秘書長蘭友談話，並在洪處晚餐。洪辦事周密，性情和平，為當今不可多得之才。計談三小時，可謂暢談矣。馬子香朝聖事已經中央批准，現正辦理出國護照。我連日多次與他見面談話，我很多為西北、為青海、為國家意見供獻，他十分同情，表示接受。

9月9日　星期五

李代總統十一時約我談話，並共進午餐，其談話著重在過去歷史與感情方面，尤以老朋友王季文兄去世後，吾等在政治上損失太大，未談政治具體問題。我結語謂，廿多年來，我為你與蔣先生，以及為廣西與中央之橋樑，但時斷時修，因為橋腳堅固，所以能修，所謂橋腳者，就是我的人格與信用也。今後希望橋不要再

斷，果真再斷，雖橋腳堅固，我年已老，亦不能再修矣。李曰橋決不會再斷。此次談話為李代總統就任後，最熱情、最和諧、最自然之談話，希望從此加強團結，救民水火。計談二小時，盡歡而散。昨日閻院長赴重慶晉謁蔣總裁，今午後返穗，來晤談。據云總裁囑閻告我曰，我從前說過李代總統擬請總裁出任軍事，嗣李向蔣經國亦有此表示等情。總裁這個意見，似有出任類似軍事委員會委員長之職務。我是雙方橋樑，有相當責任，此時如苟且出山，將來還要失敗，雙方再破裂，關係太大。所以我考慮有：

一、李代總統是否誠意請總裁出任軍事。

二、總裁領袖資格做李之部屬，彼此都有不便處，隨時可以發生衝突，尤以今後總裁更難復總統權位。

三、李能任命，亦可罷免，則總裁尊嚴掃地，永遠不能再起矣。何況李非前國府主席林森乎（林以文人出任國民政府主席，林、蔣之間素無惡感，且有交誼，故蔣任軍事委員會委員長，林不但尊重蔣，而且聽話）。

擬本此意電告總裁。

9月10日　星期六

上午九時出席非常委員會，聽取西南軍政長官張羣報告處理雲南事件之經過。蓋近日紛傳雲南盧漢主席，即將宣佈獨立，嗣經蔣總裁召盧漢來渝面洽，盧接受總裁指示，反共剿匪，以及封閉反動報紙與反動學校等等條件，人心大為安慰。惟李代總統等主張立即免去盧漢

省主席，以魯道源帶兵入滇，繼任省政。似此蔣、李不免意見相左，誠西南大局美中不足也。此次雲南能以不流血而獲勝，很可表現蔣總裁之手段與勢力，在國際間更增加蔣在中國之地位。

9月11日　星期日

午後四時，顧墨三在歐陽惜白家，約我及吳鐵臣、張岳軍、朱家驊、洪蘭友、鄭彥棻等吃茶，順便談蔣總裁之出處。均認為總裁數月來敷衍做法，決無出路，身雖在野，仍要負當前一切失敗之責任，殊屬不智。吾人盡力幫忙，亦無結果，尤以幹部日漸離散為可慮。關于出處大問題，要他自己有過決心，我們纔好去運用，擬請張長官回渝代面陳。

9月12日　星期一

連日接台中家中來函，申叔已考取省立第一中學高二下、庸叔考取省立第二中學高一上、光叔考取第二中學初一上，都合他們理想班次。我固歡喜，但他們平時不用功，考試非常吃力，家人亦非常煩神。有此結果，皆是劉真與曾伯雄諸君幫忙指導之功也。

9月13日　星期二

張岳軍長官上午十時半飛四川，我到機場送行。請他轉報總裁，現階段下，必須有最後決定，就是決定出處大計，以至不可拖延敷衍的地步。

9月14日　星期三

關于立法院復會事，李代總統特于午後二時半，約我與立法院長童冠賢、副院長劉建羣，及閻百川、洪蘭友、鄭彥芬、吳鐵臣、陳克文等十人詳加研究。大家都認為在法律上說必須開會，在目前政治、軍事之嚴重，以及財政、交通之困難之事實，萬難開會。結論一面籌備開會，一面設法延緩，又一面推蘭友、彥芬、克文三位秘書長與行政院研究對策。計開會二小時半。當此時局嚴重如此地步，無心肝的人，還想利用立法院開會搗亂。

9月15日　星期四

上午出席中央常務會議，其集中點在軍事、外交，都持悲觀論調。西北軍事崩潰，迪化形勢嚴重，主將大多走開，其殘餘部隊群龍無首，總裁電促郭寄嶠赴迪主持。李代總統官邸今晨亦集議西北問題，都認為只有派郭寄嶠前往主持。倘過去要聽我的話，維持郭寄嶠在西北地位，何致有今日之慘敗。寄嶠本日午後由台北飛回廣州，擬日間飛重慶晉謁總裁，再決定行止。

9月16日　星期五

劉經扶、陳武鳴等由港來穗，顧墨三招待午餐，約我與郭寄嶠等參加。團結愈來愈遠，已至分離邊緣，若無澈底覺悟，以國事為重，則前途必崩潰。

9月17日　星期六

　　總裁由成都來電，囑我催馬子香（步芳）、馬少香（繼援）二人必須先回西北一人，又望催郭寄嶠來渝面商西北問題等情。寄嶠已于今晨飛渝，馬氏父子現在香港，因此我乘上午十時半中航機飛港，仍下榻半島酒店。午後訪子香，告以你父子二人如都走開，將來有何面目見西北同胞，又何以對多年部下。你是西北負責軍政長官，一敗即走，又何以對國家。就敵我態勢而論，我雖一時失敗，但大部軍隊尚存在，仍可許圖恢復。子香說他亦是這樣看法，決命馬繼援即日飛穗，轉飛重慶，晉謁蔣總裁。子香又云，繼援赴西北，安全是第一問題，究以先到何處為宜，值得研究。磋商結果，一切聽命總裁決定，我當從旁幫忙。

9月18日　星期日

　　羅明慧夫婦上午十一時，陪我乘上山電車，登香港山頂遊覽，港九全盤在望。此一荒島經英人百年經營，成遠東與上海相等經濟樞紐，現已至盛極必衰之地步。當此民族自決、自治大時代，香港居民以及一般中國人，都說香港是中國的。現在英人以國軍失敗不可收拾，共軍將下廣州，特調香港歷史上從來未有大軍來港防守，前途禍福，實難預料。一般達官富人醉生夢死，只知在香港享福，那知人民水深火熱。

9月19日　星期一

　　乘上午九時半中航機回穗。馬繼援（少香）午後到

穗，即來見，伊擬廿一日飛渝晉謁總裁。據繼援云，其部隊計程已到都蘭，伊西去安全問題，最關重要，倘一日不能達其部隊所在地，其經過地點並無可恃之衛隊，此點務請注意。又子香僅此一子，決貢獻總裁，報效國家，當將上項情形急電總裁。又子香父子以孤軍血戰蘭州，其精神值得佩服，以未能留郭寄嶠幫忙，此政治、軍事失敗之總因。此時雖明白，已來不及矣。

9 月 20 日　星期二

上午再晤馬繼援，此人少年英俊，頭腦清楚，善于領導，可成大才。趙理海君上月二十日離滬，經舟山、廈門來穗，昨日來見。據云淪陷區生活太苦，聞沈兆麟弟現在學校教書。

9 月 21 日　星期三

馬繼援今午後飛渝，他父親（步芳）既託我關照繼援，而繼援又是青年人，故不厭其煩，今日上午再與談話。他們將來前途如何，為人如何，非我所能預料，但我應當盡道義之責。

9 月 22 日　星期四

蔣總裁今日上午由重慶飛昆明，晚七時五十分飛抵廣州，我與李代總統機場迎接。現在青海、甘肅既淪陷，綏遠、甯夏已降共，新疆部隊回不來，無路可走，漢中部隊在危險之中。似此整個大西北總崩潰，其影響四川與大西南，有不堪設想者也。倘華中不守，則兩廣

必動搖，值此危急存亡之秋，當道諸公如能精誠團結，
尚可挽回。然宿怨太深，勾心鬥角，不顧大局，真不知
死期將至矣，哀哉。

9月23日　星期五

上午十一時半謁蔣總裁，談時局。我首先問蔣，軍
隊掌握究有若干把握，個人之出處決心如何。蔣問我，
他最近發表告黨員書如何。我曰強調已往革命歷次失敗
都可恢復一節，在過去可以復興之關鍵，由于當時一
切罪惡、責任在對方，他們為革命對象，我們能把握民
心，革命以底于成功。今日則異于是，國事失敗，我們
不能不負責，民心已不屬我，我們是人家革命對象。次
談軍事，我曰八個月來無進步，甚至較前退步，帶兵官
已無掌握部屬之威信。正談間，適張岳軍來報告與李代
總統談話情形。據云李不贊成在非常委員會內另組軍事
委員會，堅持以白健生任國防部長。張向李說，總裁兩
月來分頭徵詢各將領意見，百分之八十以上不贊成白任
國防部長云云。似此攤牌，各走極端，真是黨國之不幸
也。與蔣共進午餐，至午後二時始散。蔣、李關係既渺
茫，我當本廿餘年來為雙方橋樑之精神，加強團結，共
挽危機。

9月24日　星期六

上午十一時，總裁約我與閻百川、張岳軍、谷振
綱、谷振鼎、鄭彥芬、黃少谷、陶希聖等談話，交換時
局意見。

（一）總裁認為他引退後八個月，時局嚴重到如此地
　　　步，必須出而負責，擬加強非常委員會，分組
　　　軍事、外交、財政三專門委員會。

（二）立法院即將開會，決維持閻內閣。

（三）總裁堅決表示保衛大廣州。

上三項主張，都是李代總統不能贊同者。這是蔣總裁引
退後，第一次最明顯之表示，亦是李不懂政治，于蔣引
退後追擊過甚之結果也。蔣是有實力、無名位，李是有
名位、無實力，兩人不能精誠合作。李代總統當位八個
月，時局更加惡化，已有一籌莫展之勢。憑心而論，當
前只有請蔣總裁復總統位，作最後奮鬥，而蔣又是因內
外環境，不能即時復總統位。

9 月 25 日　星期日

　　蔣總裁于午後五時約我、張岳軍等到黃浦談話。據
蔣云，頃白長官崇禧來見，李代總統可將代字去了，
仍為副總統，請蔣復總統位，蔣當時未作若何表示云
云。在不久以前，白向端木文俠亦有請蔣復總統正位
之表示。

9 月 26 日　星期一

　　總裁本日午後五時再約我們談話。據云本日上午與
李代總統見面，李仍堅持以白為國防部長。蔣曰如現在
以白為部長，將領必反對。李曰有反對者，可以辦他。
蔣曰新疆、綏遠、寧夏獨立，有何方法去辦他們。李曰
為何獨立。蔣曰是政策關係。李無言以對。兩人說話如

此，殊欠歡洽。蔣主張我任國防部長，應付當前局面。
我堅辭，並說明不能做理由。西北全面瓦解，新疆于廿
六宣佈和平，周昆田廿五日離開迪化越崑崙山，經印度
赴香港。據說一個月可以抵港，其辛苦可想而知。

9月27日　星期二

午後五時蔣再約我們談話，仍關于國防部問題。經
往返磋商，李仍堅持白為部長，蔣方認為有關利害太
大，不能放棄，未得結果。

9月28日　星期三

午後五時蔣再約我們談話。經三小時之研究，國防
部決定調整，擬先換參謀長。

9月29日　星期四

上午九時出席中央常務會議，蔣總裁親自主持。蔣
說明白崇禧現在前方作戰，不克擔任國防部事，一俟華
中戰事告一段落，即可發表。話雖如此，問題未了。

9月30日　星期五

午後四時出席非常委員會，蔣總裁親臨主席，李代
總統等均出席。首先討論，本會為集中力量、加強決策
起見，設置軍事、外交、財政三小組委員會，經蔣說明
通過。又有人事更動之決定：
一、外交部長胡適辭職照准，以次長葉公超繼任。
二、財政部長徐堪辭職照准，以蒙藏委員會委員長關吉

　　玉調任。

三、以蒙藏委員會副委員長周昆田升任委員長。

四、參謀總長顧祝同辭職照准，暫以次長蕭毅肅代理。
糾紛數日之國防部問題，至此暫告一段落，但問題仍未
解決。周昆田隨我辦事多年，係我一手提攜，前有老朋
友羅佶子先生任蒙藏委員會委員長，後有小朋友合肥小
同鄉周昆田任該會委員長，在公在私，我非常快慰。周
現正由新疆經印度東返路中，希望平安，早日回來。

10 月 1 日　星期六

立法院現正開會。本日會見立法委員很多，我向他們表示，大局惡化，希望扭轉，萬不能增加新的問題。

10 月 2 日　星期日

行政院提請任命湯恩伯為福建綏靖主任，李代總統認為湯聲名大壞，不肯任命，因此鬧成府院之爭，與憲法的解釋問題。湯現正在廈門指揮作戰，忽電蔣總裁即日離廈門。蔣擬立即飛廈門，因廈機場受砲火威脅，不能降落，經大家強留，故總裁未起飛。此案在湯個人沒有多大關係，而因此鬧出憲法糾紛，這是李代總統最不智之措施。蔣總裁招待李代總統晚餐，約我等作陪，白長官崇禧亦由湘南前線歸來，一同參加。

10 月 3 日　星期一

蔣總裁今晨飛返台北，此行留穗十日，所有較重大問題都未得解決。當此粵北、湘南大會戰爆發前夕，總裁究竟意旨何在，同人不得而知。晚七時與文俠、寄嶠招待安徽在穗國大代表、立法委員晚餐。

10 月 4 日　星期二

中國共產黨本月一日在北京宣佈成立政府，以北京為國都，改國號為中華人民共和國，改國旗為紅地五星旗，改紀年用公曆。蘇聯于次日（二日）撤銷承認國民政府，承認北京共產新政府。國民黨既失敗，而殘餘軍隊尚有二百五十萬，如一德一心，必可恢復。乃當道諸

公不識大體、不顧大局、鬧意見、不團結，令人痛心。

10月5日　星期三

　　周昆田既經九月卅日非常委員會決議升任蒙藏委員會委員長，嗣後有人向蔣說話，另保他人，蔣囑將此案緩送行政機關發表。蓋此案係蔣總裁親自主席，李代總統、閻院長等出席非常委員會，共同決定者，乃能留中不發。其不重視非常會，與不信任行政院，則將來革命復興，當有前途乎。周昆田現任蒙藏委員會副委員長，其足跡遍邊疆，現正由新疆經印度東返，且品學俱優、經驗宏富，為當前邊政權威，以之繼任蒙委員會委員長，乃最理想人物。因此我向各方大鳴不平，仍希早日發表，並由非常會秘書長，將此意電蔣說明。下午四時出席非常委員會財政、經濟小組會，經三小時之討論，除使用現存少數黃金外，一籌莫展。

10月6日　星期四

　　今日中秋，顧墨三約我與文俠、心亙等午餐。值此良辰，正是親朋歡聚時候，但在這烽煙遍地、戰火熾烈、骨肉流離、生活艱困，誰還有閒情逸致去求快樂。尤以北江戰事，國軍撤退，曲江重鎮，已成真空，人心更為惶恐。賦詩一句：「烽煙遍地渡中秋。」

10月7日　星期五

　　李代總統約我與端木文俠、陸心亙，午十二時午餐，並請十一時先去談話，我們三人準時前往。我表示

與李朋友感情是始終如一的,自你(李)任代總統後,
我不便常來往,倘少來往又覺疏遠,我是很難受的。我
在蔣、李之間始終作公正調人,此種精神決不會改變
的,自你(李)代總統後,我對你政治主張意見不同,
我主張你用國府林前主席做法,你要用蔣前主席做法,
結果一切做不通。在八、九個月間,公私無進步、無收
獲,幫忙你(李)的朋友固熱心,在事實上不但與你無
益,反而有害。現在已至最後關頭,果能團結,並非不
醫之症,今後究竟如何做法,請與文俠諸兄多多研究。
未能即時作具體決定。至午一時半盡歡而散。此次談話
重在個人朋友信義,批評他數月來政治之失敗,希望今
後有所覺悟。

10 月 8 日　星期六

昨夜李代總統再約端木文俠、陸心亙談話,李表示
請蔣復總統位。今日上午十時半,李代總統到我住處東
園三號拜訪,彼此都認為時局萬分嚴重,湘南重鎮衡
陽,繼曲江之後而放棄,華中、華南戰事居于不利地
位。李表示請蔣復總統位。答曰,你(李)初任代總統
時,曾迭次說過萬一和平談判不成,仍請蔣先生出山,
近數月來你常有此種表示。日前白長官健生向總裁表
示,請蔣復位,李仍任副總統,我曾問過總裁究竟出山
與否,蔣表示不出山。你(李)此次又復位表示,我當
代為轉陳。其談話結論:
一、蔣、李團結,戰局必可挽回。
二、蔣復總統位,李絕對幫忙。

三、如蔣擬與李見面，李可前往。

計談一小時。此次談話甚為誠懇，如蔣果有決心出山，李固贊同亦是當前需要，亦是蔣最後機會，若將此機放過，以後不易再起矣。午後三時出席非常委員會談話會，當此戰事惡化，廣州受威脅，隨時可以發生變化。決將政府遷到重慶，政府本月廿日到渝辦公，外交團十五日前遷移重慶，廣州從此已矣。此次如在衡陽、曲江、廣州沿粵漢線決戰，萬一失敗，則保守大西南無力矣，就戰略言，不得不忍痛撤退也。

10月9日　星期日

乘中央航空公司空中行宮機，于上午十時半起飛，十二時四十五分抵台北。于右任先生同機來台北。午後四時卅分在後草山晉謁總裁，報告李代總統請總裁復總統位，彼此研究利害，未得結論。總裁認為美外交重要，該國各方面都已諒解，惟國務院說不通。計談四十分鐘，適于先生駕臨，彼此共進茶點。晚七時半陳長官（辭修）約晚餐，于右任及陝主席董釗等在坐。餐後與陳長官個別談話，他說用人方針與作風不改變，則前途無望。陳氏身出冷汗，身體太虛弱，健康可慮。

10月10日　星期一

午十二時半再晤總裁，關于復位總統事，仍未得決定。我暢論軍事，戰略運用進退，不能用戰術運用進退之方法，作戰略之進退。蓋戰略進退時間較長、局面較大，戰術則反是，如死守一地，必須至死方休，倘最

後不死突圍，少有不根本失敗者，意在不能守必早退。方面人才實在缺，應該栽培少壯後進。總裁深以為然。總裁忽問郭寄嶠行踪，囑促即來台北。總裁明日赴定海（舟山群島），我與約定在台北等候回來再談，遂與總裁及其孫男女共進午餐，並無外人，真正家庭聚餐。今日雙十節，午後四時陳長官招待中外人士茶會，我準時前往參加。

10 月 11 日　　星期二

惟仁夫人今日六十晉六生日，麗安、申叔本擬今日來台北，因此改期明日。郭寄嶠本午由香港飛抵台北，當即晤談。他已發表東南長官公署副長官。我告伊此間一般人對你期望甚殷，你應以保全台灣為唯一目的，最低限度亦應將失敗時間拖長，其他一切應採穩紮穩打政策，對人事應取超然態度。得廣州電話，軍隊後撤，形勢忽緊，政府提前于十五日在重慶開始辦公。古語謂，兵敗如山倒，此次廣東軍事之撤退，並未見敵人，即行後退。

10 月 12 日　　星期三

昨、今兩日來訪的客很多，見面即問時局如何，很有不安的現象。麗安、申叔今午後來台北。閻院長百川昨日抵台，今晨來晤，他將逕飛重慶，不擬再飛廣州。陳長官約我與百川、鐵臣、國楨、道藩、希聖、少谷、屬生、蔚文等，討論蔣總裁之出處。經三小時之研究，其結論，總裁應即赴重慶，主持非常委員會，與李代總

統共商應付當前之危局，如必要復總統位，即與李、白等切實磋商，即行復位。並在陳處午餐。

10月13日　星期四

顧參謀總長本午由廣州飛抵台北，晚間來晤。據云李代總統今晨離穗，經桂飛渝，在穗政府人員今日撤退完畢。

10月14日　星期五

昨、今兩日往返朋友很多。台灣防守司令孫立人兄昨日由台南來台北，晚間來晤，適我休息，故今晨往訪。彼此談話，認為如此嚴重，大家都是為個人著想。我答曰，佛是無我無人，聖賢與君子有人無我，奸雄與小人有我無人，我們應從有人無我，做到最低限度人我皆有，這是恕道做法。孫深以此說為然。中央政府除李代總統等，其他閣院長以及各部會長官，大半都在台北，待蔣總裁由舟山返台請示後，即行赴渝。

10月15日　星期六

共軍十四日晚入廣州城，政府軍安全撤退，很少損失。聞廣西軍自衡陽向廣西撤退途中遭遇包圍，其主力中之主力第七軍，受重大損失。閣院長今晨飛重慶，昨晚過我，作一小時之暢談。彼對西南局面很多顧慮，希望蔣總裁即日飛渝主持。

10 月 16 日　星期日

申叔早車回台中。端木文俠上午十一時由香港飛抵台北，我親往機場歡迎。蔣老太太本日六十晉二生日，昨日由台中來台北，住偉國家中，我偕麗安于午後六時前往蔣家祝壽。

10 月 17 日　星期一

孫立人、吳國楨、關麟徵、郭寄嶠等本晚來晤，皆說時局嚴重，內部不團結。廈門繼廣州之後而放棄，退守金門。雖然金、廈兩島同居戰略重要性，但廈門之失，在觀感上影響太大。廈門何以棄守，聞因內部小有問題之故也。

10 月 18 日　星期二

蔣總裁今晚七時卅分在草山官邸約我與丁鼎丞、于右任、何敬之、顧墨三、王世杰、洪蘭友、陳立夫、黃少谷等晚餐，並研究他的出處。我只表示利害，未作決定，其餘的大半主張復位總統。其結論，擬向李代總統答復，蔣復位總統是次要問題，當前是軍事嚴重問題。蔣總裁擬日內赴渝，與李代總統面商一切。總裁對于復位總統雖未作肯定表示，但吾人從總裁談話中體認他個人無成見，如果國家有此需要，大家要求，黨內同志一致，他可以考慮。我強調，蓋自總統引退後，群龍無首，負責無人，因此戰略意見不一致，乃為迭次失敗之主因。如在南京時，守京滬與守長江爭論未終，共軍業已突破長江，以致南京首都倉惶遷移廣州。迨抵廣州

後，守大廣州與守大廣東，爭論復起，五個月不能決
定。共軍壓境，我無戰守能力，一週間放棄廣州、曲
江、衡陽三重鎮。現在尚保有川、康、雲、貴以及廣
西、海南島、台灣等地盤，如再失敗，則無地容身。當
前最緊要的事，須有能力、有聲望大員，統一西南指
揮。至總裁出山與否，如于大局有利益、有必要，就應
立即出山。我又云，共軍突破長江後，係用追擊戰略，
國軍係用避免戰略。現在共軍追擊日日緊，我們地盤日
日小，過去九個月時間，一事未做。以現在一般情況而
論，西南局面只有三個月時間，應該一日時間做三日
事，時急矣，萬萬不可再拖延。本晚在總裁官邸談話，
各人都有發言。至夜十一時方散。

10 月 19 日　星期三

我此次回台灣，本擬作長期休息，不願再問世事，
但為各方感情與人民之痛苦，不能不作四川之一遊。偕
麗安乘午後一時慢車回台中寓所。

10 月 20 日　星期四

拜訪台中市長等，據云台中一切平安。

10 月 21 日　星期五

端木部長現赴台南各地視察交通，約定于廿三日由
台中經過，與我一同赴台北。頃得來電，提前一日于廿
二日中午過台中。

10 月 22 日　星期六

　　端木文俠專車于上午十一時半到台中，我到車站歡迎，並陪伊訪陳果夫兄。陳久患肺病，現至喉頭，遵醫囑不准說話。我搭端木專車，于午後○時廿五分開車，四時卅分抵台北，仍下榻重慶南路中央銀行宿舍。本晚七時，應蔣總裁約赴草山談話。大概為：

一、總裁復總統位究竟如何。他答曰尚須準備。我問準備何事。答曰準備財政。我曰西南只有三個月時間，總裁何日赴重慶。答曰二、三星期。我曰究竟多少天。答曰兩星期。

二、我曰共黨既能佔據廈門、平潭，亦可佔金門及舟山群島，由此測驗，則可進佔台灣。現在台灣人心不定，影響兵心，擬請特別注意。

三、我此次赴重慶，預備勾留三週，至多一月，即行返台。蔣曰為何如此。答曰不願久住四川。蔣曰等他到川再說。

與總裁等共進晚餐，至十時方散。推測總裁意，似無出山決心。

10 月 23 日　星期日

　　與端木文俠乘霸王號機，于上午十時半起飛，午後一時到香港，下榻新甯招待所。此間很多地方掛共黨五星紅旗，我不以為怪。有投機者，亦有為利害之關係，此皆國民黨腐敗無能之結果，有何說哉。午後四時訪陳光甫兄，暢談五小時。彼此都以年老力衰，處此大亂時代，感慨良多。蔣公子經國今晨在飛機場送行，臨時作

廿分鐘的談話。他表示：

一、台灣形勢危險，軍政長官兼省主席陳辭修（誠）不
　　洽輿情，主張調整。

二、主張總裁暫緩復總統位，如總裁赴西南，應住昆明
　　或成都，不宜久住重慶。

三、台灣對美國外交，本身要有一套計劃，自動向美提
　　出請美幫助條件。

10 月 24 日　星期一

　　中午陳芷町兄來晤，並與李芋龕一同午餐。陳認為
時局無望，蔣總裁幾次派人邀約，均未前往見面。午後
訪孫章甫、孫錫三、孫仲犖諸君。李崇年今日抵港，
文俠約我等晚餐。廣州易手，香港表面安定，內容人心
惶惶。

10 月 25 日　星期二

　　上午十時半出席中航公司董事會，因廣州易手應積
極遷移修理廠諸問題。孫碧威、孫臨芳今日到港，據云
文叔姪都平安。晚間七時招待孫府在港親屬晚餐，計到
章甫、錫三、仲犖、碧威、臨芳、以慶，以崇年作陪。

10 月 26 日　星期三

　　同端木文俠夫婦、子女、兒媳乘中國航空公司空中
霸士，由香港于上午九時卅分起飛，午後二時飛抵重慶
北市驛機場。因由此乘汽車入城道路太壞，又無迎接汽
車，改乘小飛機至九龍坡機場。道叔攜孫振鼎在機場迎

接，甚慰。下榻嘉陵新村七號端木文俠公館。重慶市長
楊子惠（森）來訪，據云四川各處無土匪，人民生活
安定，惟內部有關政治諸公不團結，意見很多，應速謀
諒解。

10 月 27 日　星期四

上午十時半訪李代總統，關于蔣復位總統事，略謂
代總統前次向我說的話，我已轉告蔣先生。蔣答曰復位
總統是次要問題，主要問題是當前軍事，俟來渝時再
談。李曰盼總裁來渝。我曰蔣將來到渝，你的談話方針
應該事先考慮，然後告訴我們，俾好代為運用。計談一
小時。李又曰甘介侯由美國來電云，美國擬以海南島為
接濟西南根據，要求中美共管海南島，我未作表示。午
間顧墨三招待劉文輝、鄧錫侯、向傳義、王瓚緒四川巨
頭午餐，約我作陪。下午三時至總統府（國民政府舊
址）出席非常委員會議，聽取外交、軍事報告，不外乎
困難重重、危險萬分。居覺生兄激烈反對閻兼國防部長
軍事之失敗。我強調南京、廣州之失敗，是戰略意見不
一致，其主要原因乃是政治問題。今後政治問題如不
解決，就是法國毛奇將軍復活，對當前軍事亦是無辦
法的。

10 月 28 日　星期五

上午九時訪白長官健生，他指責蔣幕後指揮軍事之
不當等等問題。我答曰，蔣為什麼要如此做法，應該研
究明白。我傳話，時局如此萬分嚴重，如能團結，尚

能復興，否則同歸于盡。白深以我話為然。計談一小
時。本晚請端木文俠往詢李代總統，將來蔣來渝，關于
復位總統事，如何談法。李答曰，總裁要我怎樣辦，我
（李）就怎樣辦云云。究竟蔣復位與否，要他自決，我
們中間人只能做到如此。本日（廿八）午後四時，端木
文俠五公子均（安天）與徐女士錦方在皇后餐館舉行接
婚典禮，請我證婚。

10月29日　星期六

　　連日來客甚多，我昨、今兩日分別回拜。白長官健
生午後來晤談，我表示如總裁出山，必定要請你幫忙，
我從來想為你幫忙，都未遇到機會，我認識你在先，認
識李代總統在後。他聽我這一番話，甚欣喜。我又強
調，當前局勢，團結可以復興，否則滅亡。他深以為
然。午後七時，西南長官公署副長官錢大鈞招待李代總
統夫婦晚餐，約我與張岳軍、白健生、顧墨三等作陪。

10月30日　星期日

　　此間正值霧季，又陰雨，氣候寒。我們由台灣、香
港濕暖地帶到此，頗感不適，因此小傷風。張岳軍招我
們晚餐。

10月31日　星期一

　　端木文俠為修築成榆路事，招待四川巨頭張岳軍等
午餐，約我作陪，共商經費。

11 月 1 日　星期二

　　行政院閻院長午後四時來晤談，研究位置白健生
（崇禧）辦法，以及軍事新佈署。彼此交換意見之
接果：

一、必須與白氏新位置，究以何以為宜，要以總裁復位
　　總統與否，方可決定。應即請示總裁。

二、軍隊要從新改名稱，一新耳目。

三、中央應另設作戰指揮機構，如軍事委員會或總司
　　令部。

四、各軍政長官可以撤銷，改稱方面軍或某路軍。

十月廿五日金門島戰事發生，經廿四小時之堅苦激戰，
共軍登陸兩萬人全部殲滅，其中除斃于上陸及落水送命
外，被國軍生俘軍長以下官兵四千餘人。此為近年來國
共戰爭，國軍第一次大勝利，亦為國共兩軍勝敗之分歧
點，更為國軍扭轉戰局之開端。此一勝利，與安定台灣
人心，關係很大。

11 月 2 日　星期三

　　現在一切軍政大計，均待蔣總裁來渝解決，究竟來
與不來，大家都在懷疑。尤以廣西、貴州軍事吃緊為可
慮，即將影響重慶陪都。重慶新衛戍總司令楊森招待我
們晚餐，我因小有傷風，未入席，即先辭退。

11 月 3 日　星期四

　　上午九時出席中央常務會議，會址在上清寺花園
內，即抗戰期間中央黨部大禮堂。曾幾何時，我們又到

The Diaries of Wu Chung-hsin, 1949

此間開會，今昔相比，國家形勢，大有天壤之別。

11月4日　星期五

今日上午九時，白長官健生（崇禧）約我作一小時之談話，關係時局甚為重要。其談話要點：

（一）白云時局確已至最後關頭，蔣、李兩公固有責任，我（白）小有責任，請蔣總裁趕快來渝決定大計。

（二）白上蔣親筆函，請我（吳）即日赴台北代為面呈，請蔣速來。

（三）白云前次在穗，向蔣表示將李代總統代字去了，仍為副總統，請蔣復位總統，這是出于誠意。

（四）白云蔣復位總統，李可出洋辦理國民外交。我（吳）對此不同意，答曰如此似有不合作之意，社會人士必批評蔣迫李下台出洋，批評李自己幹不下去，要蔣復位負失敗之責，李又拆台。且認為李太取巧，如蔣復位形勢好轉，李可隨時回來，李可出洋聯絡美國，爭取美援，如李出洋，于雙方都是不利的。何況我國際情形壞到如此地步，以副總統地位到外國，是沒有面孔的。白曰這件事暫時可以不談。答曰這件事關係蔣、李合作，及蔣復位總統，很為重要的。白同情我這一段話是對的，表示設法打銷。

（五）我說蔣先後三次下野，已兩次復職，現又復總統位。此三次下野與復職，我均與聞其事，知之甚詳，我深覺耽誤建國，良心上對不起老百姓。

我回寓後，白來電話謂已囑邱秘書長昌渭飛昆明，將談話情形報告李代總統（李日前赴昆明巡視），並詢有無其他意見，以便併請我赴台報告總裁。

11 月 5 日　星期六

因總統府邱秘書長昌渭今日飛昆明，行前我特請端木部長往訪昌渭（程思遠在坐），詢明昌渭此次赴昆有無其任務。邱答專為報告白與與禮老談話經過，並謂白先生向禮老表示，實出自至誠，擁護蔣先生復位總統，實基于共圖生存基本認識。昨晚（四日）內政部長李伯豪向端木表示，日來天氣不佳，白先生未能起飛，留渝兩天，得與禮老懇談，因感動而轉變，實為中國之福。就我（吳）觀察，桂系對總裁復位，顯已明確。

11 月 6 日　星期日

今晨行政院朱副院長、內政部李部長、外交部葉部長來訪談，他們對閻院長表示不滿。閻數十年在山西服務，已有一切習慣，今以辦一省事手段，來到中央辦全國事，當然不能得人同情。

11 月 7 日　星期一

繼金門島戰役國軍大捷後，共軍七千人于四日夜三時在舟山群島之登步島登陸。經國軍五十四小時之奮鬥，共軍全部被殲滅。此一大捷，可使國軍士氣振作，更使台灣人心安定。午十二時，青年黨幹部劉士英、楊叔明、王師曾、夏濤聲等約我與朱騮先、陳立夫、鄭彥

芬等午餐，談國民黨、青年黨、民社黨三黨之聯絡，我
等表示贊同。

11月8日　星期二

　　總統府邱秘書長昌渭日前赴昆明晉謁李代總統，今
日回渝，午後二時來見。據云已將白長官與我（吳）所
談：（1）請總裁速來渝，並請復任總裁職；（2）李代
總統仍復任副總統職。李代總對於上開二點完全同意，
惟對于第（3）點李代總統出洋事，吳說此事不能提，
恐一提即誤會為不合作。白告邱報告代總統出洋事，暫
時不提，恐誤會為不合作，但蔣先生復職後，此問題仍
可提出。李對邱報告，亦已首肯等語。關于蔣復位事，
就最近接洽情形，大體圓滿，專待蔣之決心如何耳。惟
川局嚴重，各方咸盼蔣即日來渝，如其行期有待，我將
日內飛台促駕。

11月9日　星期三

　　最近三、五日內，軍事形勢更嚴重。鄂西之恩施、
黔東之鎮遠均已淪陷，貴陽名城急急可危，以現在國軍
力量必難固守，而重慶陪都同時吃緊，人心大感不安。
因此西南軍政長官張岳軍（羣）特于上午十時，約我與
鄭彥芬、陳立夫、顧墨三、蕭毅率、徐朗軒研究對策，
均以蔣、李兩公不在重慶，群龍無首，請示無由。蔣允
來而遲遲不來，李一去而不返，大家推我與鄭彥芬等飛
台灣晉謁總裁，報告西南危急，詢問總裁究竟出山與
否，萬不可坐誤時機。如不出山，亦應明確表示，讓別

人負責。

11 月 10 日　星期四

中國航空公司、中央航空公司劉敬宜、陳卓林兩總經理，昨日在香港突然判變，率十一架飛機逃走。該兩公司有飛機約一百架，都集中在香港，並有最新式修理廠，亦在香港。除判變的飛機，其他飛機及廠房等等，當經港政府凍結，以待解決。這件事影響太大，因該兩公司在香港，我政府無法控制。回憶在三、四個月前，交通部要求發給二百萬銀元，將該公司及廠房機器遷台灣，政府未能撥款，以致闖起大禍，真是為小失大。這都是中央群龍無首，負責無人之結果。

11 月 11 日　星期五

中國、中央兩航空公司既已出事停航，空運大受影響，因此我今日飛台北，只能改乘空軍運輸機。于上午八時到白市驛飛機場，十時半起飛，沿途不停，于午後三時半飛抵台北，仍住中央銀行宿舍。七時赴草山晉謁蔣總裁，報告四川情形已至十分危急，李代總統不在重慶、閻院長無辦法、張長官在辭職中、顧總長做不動，人心惶惶。談到總裁去四川問題，我問總裁應先決定去不去，然後再討論去的辦法。總裁答曰預備去，至去做什麼事，再研究。當由我電告端木部長轉電白建生，總裁既已決定赴渝，請催李代總統速返渝。並在總裁處晚餐，有外交部葉公超及鄭彥棻等在坐，葉等係今日與我同機來台的。

11月12日　星期六

陳長官約晚餐。午後八時蔣約見面，有鄭彥芬、蔣
經國、谷振剛、黃少谷、張其昀等在坐，研究總裁到重
慶後辦法。我首先表示，關于總裁復總統位事，前已向
李代總統說過，關于總統復位事是次要問題，當前最
重要是軍事問題，一切俟重慶面談云云。是不是以這個
原則，請諸同志研究。結果有主張此時不能復總統位，
此去在安定人心，振奮士氣，穩定軍事。計談二小時之
久。我並告蔣，我不能與你同去重慶，隨時可以去。蔣
曰還是同去。答曰如有必要，隨時來電，我隨時去，我
等你動身後，我再回台中。麗安、申叔今午後來台北。

11月13日　星期日

午十二時前上海市長吳國楨兄約午餐，研究台灣地
位。據吳云就美國利害而言，不能放棄台灣，但美國希
望我們對于台灣政治、經濟自動改革，尤其不滿現在人
事，主張軍民分治。如美國不援助，數月後，台灣形勢
必嚴重，一到明春，中共海、空軍都有出動可能，則台
灣難守矣。貴州省會貴陽名城已為共軍佔領，其影響西
南大局，十分嚴重，重慶、昆明同時震動。申叔今晨見
總裁。

11月14日　星期一

總裁今日赴重慶，于上午九時半見總裁，約我在草
山官邸見面，我強調重慶對復位總統空氣濃厚。蔣曰不
復位。萬一李代總統一定請你復位。蔣曰我不復位。萬

一李代總統發一宣言野下,不管你復位與否。蔣曰我亦不管。我曰此次不與你同去重慶,你隨時打電來,我隨時去。蔣曰我打電與你。我又曰對于桂系一般問題可由張岳軍、洪蘭友接洽,重大問題可請端木文俠接洽,因端木與白建生感情甚好。總裁專機于上午十一時起飛,我機場送行。

11 月 15 日　星期二

申叔今日午後偕謝應新回台中。我現在等待端木文俠由香港來台北晤面後,即回台中休息。我不想再赴重慶,因我對于黨國,良心已盡,成敗唯有聽諸天命。

11 月 16 日　星期三

近日與此間往來拜訪朋友甚多,對于時局均一籌展,很多憂慮。今日與吳國楨、黃朝琴等見面。吳說美國希望台灣人事有所改革,尤其不滿陳主席,希望軍民分治。黃說台灣人民與政府脫節,必須有改進。午十二時何敬之兄招待午餐。晚十時台灣防守司令孫立人君來晤談。據云台灣軍政問題在人事,如常此下去不洽調,則前途不可樂觀,他堅決反對用日本人訓練軍隊。計談二小時。我勸孫凡事要謀而後動,所謂謀而後動者,就是每一事件,對于將來結果必定要有把握,纔可開始去做。美國對孫有好感,希望他在台灣多負責任。

11 月 17 日　星期四

上午與張厲生兄晤談,他現在辦理台灣自治事宜,

外間對于自治議論很多，有主從緩舉行者、有主即時舉行者、有主分期舉行者、有不贊成從新劃區者。我是主張分期逐漸舉行，張則主張先劃區，然後一次舉行。總之主張台灣自治，其意見則一也。下午偕伯雄、麗安遊覽基隆海港，該港規模宏大，設計周詳，誠良港也。

11月18日　星期五

上午張厲生兄再來晤談，彼此認為目前台灣尚可苟安，如大陸完全失敗，則對台灣政治與軍事之壓力有不可想象者也。從內地來台人員大多知識份子，對于時局當然憂慮，由憂慮而煩悶而亂言，必定影響台灣人心與士氣。政府應對這一般憂慮份子早謀出路，如能送往其他安全地方，不但可以減少台灣麻煩，而且可以減少台灣經濟負擔，真是一舉兩得。偕麗安于午後三時到新北頭鐵路招待所溫泉沐浴，陸心亘夫婦住在此處，並在此處遇見姚味辛、曹浩生、熊斌等。

11月19日　星期六

偕麗安乘上午車回台中。

11月20日　星期日

台中氣候溫和，最適宜于年老人修養身心。台中是台灣唯一住宅區（如蘇州），如與台北政治區相比，則有天壤之別。午後偕光叔等室外散步，精神舒適，若能久住此間，甚所願也。

11 月 21 日　星期一

台中市陳市長招待晚餐，有駐軍司令闕漢青（號撥雲）、監察委員丘念台、市參議會正副議長黃朝清、林祖標等在坐。西南軍政嚴重危急到如此地步，李代總統意稱病由南寧飛香港醫治，殊屬不顧大局，不明責任。當蔣在台灣時，他（李）蔣請蔣赴渝，他再回渝。蔣既到渝，他不但不到渝，反飛香港，殊屬不講信義。我是他是多年朋友，決不能對他原諒。現在謠言很多，說李與中共有諒解，何況香港遍掛中共國旗，香港為一切反國民黨集中地，不知李在香港何以自處，豈真投降中共乎。李少讀詩書，外忠厚而內陰險，此人當國，國豈有不亡之理。

11 月 22 日　星期二

周昆田昨日由香港來電，頃已抵港。他此次由迪化過雪山、經印度，受盡千辛萬苦，今得平安歸來，聞之十分快慰。

11 月 23 日　星期三

我對李德鄰之失望

李德鄰自任代總統以來，錯誤事很多，其中有三件較大者：

（一）李無中心思想，因此主張不定，始終希望與中共妥洽，所有李接近政客大多投降中共，我很懷疑他身邊有中共滲入。

（二）利用和談，迫蔣總統引退，但蔣仍是國民黨總

裁，而且一切軍政實力都是蔣廿餘年一手造
成。李應擁護總裁，誠意請蔣在野幫忙，一面
維護蔣的勢力，鞏固中央，亦即鞏固代總統地
位，能如此，方能精誠團結，救國救民。不此
之圖，竟加強反蔣（流言反蔣甚于反共），分
化國軍勢力，期以發展自己勢力，以致釀成今
日不可收拾之局面。

（三）李不能依照憲法規定，實行責任內閣制，時起
糾紛。代總統閱時不逾十個月，已更換三個閣
揆。如孫科雖不是第一流閣揆人才，但頗負國
內外聲望。如何應欽從事黨政軍數十年歷史，
且曾為李代總統之長官。如閻錫山深謀遠慮，
威武不屈。以孫、何、閻三人學術、歷史勳業
都在李之上，李應如何與此三人和衷共濟，相
處以誠，乃因不能完成李之私圖，孫、何被迫
辭職，閻則因李為難，時感不安，內閣時在動
搖之中。李對孫、何、閻都不滿意，李應反躬
自省，個人行為，可為人滿意乎。

李氏任代總統，不能聽正人君子之言，專聽無聊政客宵
小之播弄，遺誤黨國，乃至于此。李氏愚而好自用，情
與貌相反，我素來對李期望最殷之一人，今則最感失望
之一人，我對李廿餘年認識錯誤，十分遺憾。

11月24日　星期四

申叔擬赴美國讀書，曾託教部杭立武部長代辦出國
護照，接杭由重慶來電，已電外交部轉飭台灣特派員照

辦，希逕洽云云。今日託曾伯雄兄赴台北與特派員公署
接洽。

11 月 25 日　星期五

昆田今日抵此間，據云自離穗之日起，恰為三個
月。在此三個月之中，雖無日不在驚駭與苦痛之中，但
身心俱健，從未患病。過泊米爾高原，比過喜馬拉雅山
尤為艱難與危險。此行經驗很多，尤其明瞭新疆與印度
關係與交通。周已發表為蒙藏委員會委員長，就任與
否，尚在考慮中。他（周）家住高雄，擬明日回去。

11 月 26 日　星期六

伯雄今日由台北回來，據云關于申叔出國護照，
台灣特派員公署尚未接到通知，故再電杭部長轉催外
交部。

11 月 27 日　星期日

端木鑄秋、關德懋、錢子寧三君今午來台中，專誠
來訪。他們都是學有專門才能，對于當前國是頗多關
心。錢子寧君是實業家，有輪船、有工廠，做進出口，
新近由南美洲回來。據云智利、阿根廷、巴西諸國地廣
人稀，歡迎華人，主張政府與諸國發生經濟關係，並主
張以鑄秋為智利大使。

11 月 28 日　星期一

昨日接馴叔十一月十九由美國來函，報告他的婚姻

大事。已與同學林少宮相識，感情成熟，有意于最近之
將來成婚，徵求我的意見。當即與惟仁、麗安及申、
庸、光三兒會商，一致贊同，但要注意林君在國內曾否
與人接婚及訂婚，如舉行婚禮，必定要用正式手束。即
以上項主張復馴叔。茲將來函書于後，略謂：

　　同學林少宮品格敦純，儀態萬方，廣東信宜縣人，
年廿八歲。一九二二年生于北平，一九四四年畢業于中
央大學經濟系，一九四七年自費留美，已得路易西安那
州立大學碩士學位（經濟）。現在伊里諾大學繼續讀
經濟學，副修歷史，在國內曾服務于資源委員會。父林
韻宮先生善于字畫詩書，好學不倦，畢業于廣東廣雅書
院、日本東京帝國大學法學士，考入翰林院，出使南美
秘魯，民國初年眾議院議員及參議員，惜已于一九三八
年去世。母親在廣東，係舊家庭出身，姐三人、妹一人
均已適人，均為大學畢業生。林少宮頗得叔林勵儒先
生之教養，勵儒先生終身從事教育。兒與林少宮相處
時，感情成熟，有意于最近將來成婚，大人意見如何
云云。

11 月 29 日　星期二

　　共黨分三路攻重慶，昨已佔拒重慶一百廿華里的綦
江縣。該縣為川鄂、川黔公路的交點，陪都形勢突告緊
張，因此中央政府遷移成都辦公，授權重慶衛戍總司令
楊森負責捍衛陪都。士無鬥志，敗到何處為止。

11 月 30 日　星期三

　　偕曾伯雄弟遊覽彰化及鹿港。于晨八時搭火車赴彰化，再轉小火車到鹿港。比即往鹿港中學訪許校長蓮溪兄，適台省陳教育廳長雪屏正在該校視察，一同茶點。我稍坐，即步行遊覽街市。聞國人最先來台登陸之港口為一府（即今日台南安平港，從前是台灣府所在地）、二鹿（即鹿港）、三猛狎（即今之萬華，位于淡水河右岸），盛極一時。嗣因海禁大開，北基隆、南高雄成為大良港，則此港日漸衰落。此間所有商店、民居、建築與夫起居習慣，仍保留內地固有式樣。人民祖先多來自福建泉州，且文風極盛，雖僅有街道一條，而裱畫店則有三家之多，滿清時期先後有舉人二、三十位。至于港口因淤塞而狹小，在二次世界大戰時期，曾經美國飛機數次轟炸，尚有數處殘垣兀立，未曾修復。聞自廈門、泉州乘帆船前來，如遇順風，祗需十二小時即可到達。為預防敵人偷襲，現已駐兵，嚴密戒備。十一時十分搭公共汽車赴彰化，市場繁盛，僅次台中。略為瀏覽後，訪陳錫卿市長，並同車到八卦山，登山頂，全市在望，又遊馬祖廟。即由陳市長陪同乘汽車返台中，已下午三時許矣。

12 月 1 日　星期四

我贊成蔣總裁復總統位，值此時局極度緊張之際，李代總統早已離開陪都重慶，在香港稱病，即將赴美就醫。中央無人負責，只有請蔣復位總統，但議論紛紜，莫衷一是。我以為就革命精神而言，應迅即復位總統，以正視聽。憶昔先總理嘗云：「祇要革命軍佔領一個縣城，即可組織政府，余（孫）即任總統，以抗敵人。」我（吳）在抗日戰爭後期，曾以此言告總裁，況今日尚擁有台灣、雲南等數省乎。再就政治利害亦有兩種說法：

（1）以害的說，當此政治、軍事大失敗之際，倘復位總統，必定要負失敗之責任。

（2）以利的說，倘能復任總統，使國內外耳目一新，可能挽轉時局。萬一全盤失敗，亦得以總統名義指揮流亡政府，徐圖復興也。

此外尚有一個意見，丟開現在政治法統，另行組織，從新革命。但對于立法、監察委員如何安頓，如何應付國際，則問題更為複雜。

12 月 2 日　星期五

重慶陪都于十一月卅日下午五時放棄，蔣總裁于是日清晨，由陪都飛成都。事至如此，夫復何言。

12 月 3 日　星期六

立法委員蕭青萍、余井塘、吳廷環、溫士源、李永新等上午來談。李住在台中，蕭等四人係由台北來。他

們問我，總裁不肯復總統位、李代總統即將赴美、閻院
長無代行總統職權根據，應如何辦法。答曰這件要你們
立法院來決定，因李代總統只託閻院長代為照料，閻不
能依憲法：總統與副總統因故不能行使職權，由行政院
長代行其職權，三個月內招集國民大會，選舉總統。

12月4日　星期日

　　李代總統即將赴美，國務院發言人申明：「中國李
代總統之訪美，僅屬療疾性質。報載李氏可能來華府充
杜魯門總統上賓，發言人否認此說。」國務院對于一國
元首如此申明，太無禮貌，亦是自尋其辱也。

12月5日　星期一

　　李代總統不顧多方挽留，竟于今晨由香港赴美國，
同行者其夫人、公子、秘書等。據路透社發表：「接近
李代總統稱，如果李氏不能獲得美援，或白崇禧將軍無
法據守海南島，則李將不返中國。」李自代總統以來，
對國事無誠意、鬧意見，反對他人，謀自己私利。當國
事危急存亡之際，稱病赴美，等待國是好轉，再行返
國，如此李氏何以對國人，而國人必對李氏生反感。

12月6日　星期二

　　蔣總裁昨日發表申明：「此次應李代總統之邀入
川，正值共匪滲入川東，陪都危急，余亟望李代總統專
返中樞，共挽危局，而李代總統堅持決意出國。余為
國民一份子，並負領導國民革命責任，惟能竭盡一切

力量，不避任何艱險，協助政府，與大陸軍民共同奮
鬥。」這一段話說得光明磊落，必得社會同情，而李代
總統不負責任，不講信義，招然若揭矣。昆田家眷原住
高雄，現移台北，今午車過台中，我與麗安到車站與其
見面。

12 月 7 日　星期三

近日國大代表、立法委員、監察委員紛請蔣總裁復
總統位，而青年、民社兩友黨亦有此種請求，該兩黨電
文中並有「以民主攻獨裁，以法制擊暴力，以主權抗附
庸，以力行證宣傳」。我認為這四句話，應該積極推行
的。我身體素健，腰尤健，自今夏腰痛愈後，現又痛。
就物理言，某一部最強，很多從最強部份先病起，因強
者負擔較重也。姑記之，以待研究。

12 月 8 日　星期四

昨日（七日）總統頒佈命令，政府遷設臺北，在西
昌（在西康省內）設大本營，統率海、陸、空三軍，在
大陸指揮作戰。

12 月 9 日　星期五

閻行政院長率政府人員飛抵台北，即日開始辦公。
似此情形，成都危急，可想而知。劉兵團司令安琪午後
偕陸心亙兄來訪。劉部計三個軍，是以山東原有部隊及
保安隊編成，士兵極大多數是山東人（農民）。現在有
完整一個軍在海南島，有兩個軍在廣東大陸損失奇重，

該兩軍殘餘二、三萬人，調來台中整編訓練。當該兵團
由青島向南方調動時，我向國防部建議，山東人軍隊不
通廣東言語，更不合廣東生活習慣，務必慎重使用，尤
其要注意他們衛生，以免死亡。乃竟盲目使用，遭此慘
敗，這不天意，乃是人為。

12月10日　星期六

今日先後安徽國大代表葛崑山、陳憲南等由台北
來，先後來見，商討召集在台灣安徽國代聯誼會，我主
稍緩。

12月11日　星期日

蔣總裁昨晚八時卅分由成都飛返台北。昆明突起變
化，前行政院長張岳軍（羣），及中央駐雲南國軍軍長
李彌、余程萬均被判軍劫留。李、余二軍長係在雲南負
重要軍事責任者，今雲南既變化，成都危急，大西南局
面將土崩瓦解。此時只有胡宗南主力在成都附近佈防，
期望他能最後勝利，挽回大局。

12月12日　星期一

姪女襄叔偕姪婿蒯世祉，本日午後平安到台中。他
們此次係由重慶乘汽車到成都，再乘飛機到海南島之三
亞，轉機飛到嘉義，改乘火車來台中。據云川、滇局面
大混亂，他們雖受辛苦，尚能得人幫忙，搭乘飛機。其
他想來自由區，而無交通工具，不知許許多多人，情形
非常的慘。他二人本擬住台中家中，因房不敷應用，擬

明日赴台北覓屋居住。張岳軍脫險抵港。昆明成立偽軍
政委會，公然脫離中央政府。

12 月 13 日　星期二

　　美國確息：「美國將予中國積極援助，已準備給國
民政府予經濟和外交上的援助，俾蔣總裁確保台灣，使
成反共堡壘。惟認為軍事援助，一時尚無必要。」所謂
外交援助，就是不成認共產黨北京政府。美國此種表
示，台灣人心大定。今後要在我們自家努力，改變作
風，否則人家就是幫忙，還是無希望的。陳立夫兄來
訪，他將于今日回台北，我請他轉告蔣總裁，要「明是
非，澈底幹」。

12 月 14 日　星期三

　　同鄉葛筱東、劉波鳴等先後來晤談。葛現任台省政
府所辦巒大山林場（地址在水裡坑附近），劉等在埔里
附近購地五百畝，擬組自耕農場，這是流亡台灣自求生
活唯一辦法，亦是進步的辦法。台北友人紛紛請我前往
商討國事，我因中央自到台北後，種種決策意見不能
一致，我的大公無私主張，人家不會接受，所以稍緩
前往。

12 月 15 日　星期四

　　成都軍事尚可穩定，西康發生變化。中央軍已將在
西昌、成都判軍繳械，西康省主席劉文輝撤職，以賀國
光繼任西康主席。在川國軍正在與共軍作戰，而後方西

康生變化，真是萬分不幸。查劉文輝態度灰色，早應
調整，因張長官岳軍姑息，不肯斷然處置，所以遺此大
禍。平時愛護劉氏者，反足以害劉氏也。

12月16日　星期五

蔣總裁今晨由草山來電話，囑我赴台北，擬明日午
後前往。台灣省政府于今日改組，由吳國楨任省主席，
五廳長有三人為本省籍，廿三位省府委員，則有十七人
為本省籍。此一措施不僅博得台灣人民熱烈歡迎，亦使
國際觀感一新，更能配合美國希望台灣政治之革新，以
吳氏手段靈敏、經驗豐富，必能不負國內外人士之期望
也。至陳前主席辭修主台不及一年，各廳處迄未改組，
可見無人事之成見。而在民生方面，實行三七五減租與
改革幣制，奠定台灣經濟之基礎。而在治安方面，辦理
亦有優良成績，可以夜不閉戶。但以台灣今日處境而
言，此項變動，自有其重大意義與影響，而余則認為陳
辭修之辭，仍不失為功成身退之下台也。

12月17日　星期六

偕麗安乘午十二時四十分車赴台北，住台北招待
所。晚間與郭副長官寄嶠談台灣一般軍政情形，他認為
一切事拖延不決，要請蔣總裁早下決心出山負責。

12月18日　星期日

一、與吳主席國楨兩次見面，他深感此次發表本地人廳
　　長、省委人選，本地另外一般人表示不滿，現正疏

解。我認為中央政府應力予支持省府，萬一本地人鬧出事來，還是中央責任。吳氏告我，美國援助台灣，以改革政治，用吳為省主席的先覺條件，此層能做到，然後纔能實行各種援助。政府為迎合美國心理，毅然改組省府。

二、今午十二時，總裁約在草山見面，準時前往，一同出外散步野餐，緯國及其孫兒女參加，並與談話。我表示：（1）總裁應早出山；（2）對于法統究竟如何；（3）今後對于桂系究竟如何。均未作結論。總裁問我今後李代總統態度如何。答曰不外三途：一、有人格政治家作風，一定辭去代總統與副總統；二、庸人做法，暫不回國，亦不辭職；三、最無恥作法，立即回國。總裁曰這個判斷很對的。嗣又談及政策與策略不能混為一談。至二時半始散。分手時，我曰此次談話未具體。蔣曰再約談。

三、午後安徽國大代表數人來見，他們擬組流亡政府及安徽遊擊戰。

12 月 19 日　星期一

午後三時赴草山出席非常會議，蔣總裁親自主持。討論改組雲南省政府，以李彌為省主席，余程萬為綏靖主任，通緝前省主席盧漢。因國軍反攻昆明，已佔飛機場，昆明立刻可以收復。又決議行政院經濟部長劉航琛免職。在會議間，陳立夫提議交通部端木部長應促來台，總裁表示已批准由閻院長用禮卿兄名義電端木部長矣。我當將端木病說明。會議只三十分鐘即散會。端木

此次赴香港處理中航、中央兩公司判變事，時間太久，
未能赴重慶、成都辦理政府撤退事宜，外間頗有煩言。
總裁今日會議席上如此表示，即對端木信任未有變更。
我囑李崇年另電端木，即日來台。

12 月 20 日　星期二

閻院長昨日向我說，桂系請求美國三個月援助，每
月三百萬美元，共九百萬美元，第一個月已先後赴三百
萬元，美方請閻分配。閻曰美國既直接交付桂方，無法
另行分配。因此美國其餘二月六百萬元停止支付，美國
又請求閻院長將此事報告蔣總裁。但美國付款後通知閻
院長，仍不免分化國軍，而桂系直接請求美助，十分不
對。李代總統身為國家領袖，如此做法，糊塗以極。

12 月 21 日　星期三

連日往來朋友很多，今日朱騮先、陳立夫、洪蘭
友、何敬之等先後來訪，對于時局，等待蔣總裁決定。
何因胃病，擬赴日本就醫。

12 月 22 日　星期四

台灣防守司令孫立人來晤談，他表示有責無權，惟
有不幹。我勸他以大局為重，萬一不幹，對內對外必發
生大誤會，尤其影響美援。倘因你不幹而失敗，你還要
負失敗責任，你最要緊說話當心，態度謙虛，免招人家
疑忌，肚量要大，俗語宰相肚裡好撐舟。何敬之招待晚
餐，有朱騮先、楊森等在坐。

12 月 23 日　星期五

　　成都戰事已至嚴重階段，隨時可以棄守。昆明機場雖為國軍克復，昆明城尚在對方堅守中。台灣因大陸失利，人心大感不安，議論多，意見更多，雖有各種機關，概不負責。其主因在蔣、李之誰負元首之責，迄無鮮明表示，這個責任在李代總統。蔣總裁約午餐，有張岳軍（新由昆明脫險來台灣）、薛岳、余漢謀、朱一民、陳辭修在坐。餐後談話，決定守海南島。薛、余請求海南島軍隊糧餉問題，總裁允予一個月接濟米糧一萬噸，至軍餉問題，囑與閻院長洽商。總算稍有結果。客散後，我與張岳軍再與總裁談話。我說：

（1）現在幹部對于總裁復位總統，既有兩種不同意見，各有理由，請總裁從速決定。

（2）現在各幹部意見太多，互相傾軋，請總裁注意糾正，否則前途無望。

（3）現在如立法委員、國大代表、知識分子以及其他知識份子，約五仟人集中台灣，終日無所事事，對于台灣當前固多批評，對于將來又多憂慮，由憂慮而煩悶而亂言，以致影響士氣民心。如他們有意離開台灣，可以設法幫忙，最好向日本、菲律濱鄰近中國等國交涉，準彼等前往，既可替政府宣傳，又可減少麻煩。總裁深以此言為然。

（4）關于孫立人事，我向蔣曰，孫是很老實人，不必顧慮。

（5）總裁云他將離開台北。我問他往何處，答曰日月潭與台南。

今日李品仙、雷殷、徐祖詒等攜白建生函來見。我直率批評李代總統為何不聽我與白建生的話，以致把國事鬧到如此糟。據薛岳云，白建生現在海南島，他只有兩營軍隊在海南島，其餘軍隊大多損失。尚有一部在桂越邊境，進退兩難，無法生存，終將銷滅。我迭次勸他們顧全大局，團結救國，不但不聽，反生誤會。事至今日，何以對國家，更何以對廣西人民。

12月24日　星期六

清晨經國來電話，告以總裁擬約我赴日月潭，故于午後回台中。係乘十二時五十分快車至彰化，轉車回台中，因此車經過海邊，不經台中。此線風景很佳，一面山，一面水。今晨郭寄嶠向我說，陳長官辭修態度消極，並有手令，自明年元旦日將東南軍隊交國防部。我請郭勸陳顧大局。

12月25日　星期日

本擬午後赴日月潭，得經國來電話，日月潭旅社客滿，俟房屋預備好再去。

12月26日　星期一

成都戰事益形慘烈，由于川康舊軍官劉文輝、鄧錫侯等先後判變，使胡宗南長官保衛成都之任務更加艱鉅。查胡宗南所部號稱十四個軍，將四十萬人，又經多年國家培養，為何不能挽回川康局勢，令人難解。聞胡個人已到海南島，是否另有作用，否則于數十萬部下不

顧，個人逃走，則于公于私都無法交待。

12 月 27 日　星期二

　　為荷蘭人所統治東印度群島，在世界大戰時，土人獨立，為印度尼西亞合眾國（簡稱印尼合眾國）。迨大戰後又經數年奮鬥，使荷蘭人不得不放棄三百四十七年的統治，定于今日（十二月廿七日）由荷蘭女王宣佈，東印度群島主權，移交印尼合眾國。在巴達雅亞新印尼首都，荷蘭三色國旗落下，改由印尼合眾國紅白兩色旗升起。印尼因巴達維亞名稱，係三百五十餘年前，荷蘭在該地登陸，將原名雅加達改為巴達維亞，今印尼人既復國，仍將巴達維亞改舊名雅加達，並以此城為首都所在地。現當民族獨立、自由、自決、自治、平等高潮之際，就是有武力、金錢的帝國主義者，亦不得不拱手相讓也。但印尼合眾國文化、經濟都落後，民族複雜，島嶼分散，不易統一，更不易建設。我國華僑在印尼很多，執經濟牛耳，故派特使前往該國參加今日荷印主權移交典禮，並慶賀新印尼合眾國誕生。

12 月 28 日　星期三

　　成都放棄，守軍北移，昆明城未攻下。至此大陸名城，無一在國軍之手，亦可以說大陸全部淪陷。五百萬大軍慘敗如此之速，古今少有。

12 月 29 日　星期四

　　現屆寒冬，而此間（台中）氣候溫和，如同江南暮

春時節，且台中市冬季雨水很少，地方乾燥，最適宜于
老人修養身心之處，所以我身體格外強建。

12月30日　星期五

交通銀行總經理兼代董事長趙棣華兄晨偕□□□來
訪。據云該行在菲律賓分行事業很大，他將親往處理，
惟入境證很不易辦。他又云香港分行恐英國與中共妥
洽，故已將該行存款轉移美國以防萬一。交通總行已遷
至台北，並在台北創辦一規模較大織毛廠，日內即可開
工。又擬創辦紡紗廠，已在美國買好機器，即將運來台
灣。趙與我研究將來經濟，必定著重工業，彼此對於金
融主張向民生方面澈底改革，打倒買辦式的商業銀行。

12月31日　星期六

蔣經國昨日來電話，約我明日赴日月潭，故于今日
上午八時十五分，偕王雪艇兄同車前往。十一時到日月
潭，與蔣總裁同住涵碧樓旅社，與總裁談李代總統在美
醫院施用手術，須三個月時間纔能恢復健康，此時不
必表示任何態度。遂同進午餐。今日係民國卅八年大除
夕，陪總裁除夕聚餐，有張岳軍、陳立夫、洪蘭友、張
曉峰（其昀）、谷振綱、陶希聖、黃少谷、蔣經國、俞
濟時、曹聖芬、周宏濤諸君在坐。席間向總裁進酒祝健
康，總裁復向我們進酒祝健康，大家快樂。

民國卅八年之回感

今天係卅八年的除夕，回憶一年來時局劇變，天下

大亂，國民黨臨總崩潰關頭，實不勝今昔滄桑之感。溯自東北淪亡後，為時僅一載，幾將整個大陸斷送共黨之手，僅餘台灣、海南、舟山諸島孤懸海外。查歷朝史籍，其敗亡之速，實史無前例。其失敗原因已在本年日記迭有記載，總括言之，皆因國民黨不實三民主義，不發揚先烈精神，與夫貪汙、無能、不負責任、無是非、無賞法、鬧意見、爭權利種種惡因，有以致之也。而政略、戰略之錯誤，亦為失敗重要之因素也。更有令人痛者就是李德鄰，利用和平空氣掠得代總統地位後，不但不依政治常規安定天下，反而制造糾紛，加速崩潰，即到嚴重關頭，不負責任，遠走美國。我雖是李之朋友，亦不能對他諒解。

今年余奔走團結，席不暇暖，原期對于國計民生，有所裨益，不意辛苦終年，毫無收獲，反將歷年所費心血之結晶，一旦付諸東流，曷勝浩嘆。往者已矣，在此歲尾年頭，祇祈負國家之責者，檢討過去錯誤，澈底改革，期挽危亡於萬一耳。余在過去的今年，身體強健，家庭平安，自卅九年獻歲起，余仍將以全副精力，為拯救全國人民痛苦而奮鬥，務使全國苦難同胞得登袵席，此則余之願也。

世界上就是人的問題，就我直覺略記于後。

佛是無我無人（名為我人），聖賢有人無我，君子有我有人，小人有我無人。我一生是在聖賢與君子之間，以時間事實，處事接物。

民國日記 65

吳忠信日記（1949）
The Diaries of Wu Chung-hsin, 1949

原　　著	吳忠信
主　　編	王文隆
總 編 輯	陳新林、呂芳上
執行編輯	李佳若
封面設計	陳新林
排　　版	溫心忻

出　　版　🛡 **開源書局出版有限公司**

香港金鐘夏愨道 18 號海富中心
1 座 26 樓 06 室
TEL：+852-35860995

✿ **民國歷史文化學社** 有限公司

10646 台北市大安區羅斯福路三段
37 號 7 樓之 1
TEL：+886-2-2369-6912
FAX：+886-2-2369-6990

初版一刷　2021 年 5 月 20 日
定　　價　新台幣 350 元
　　　　　港　幣　90 元
　　　　　美　元　13 元
I S B N　978-986-5578-20-6
印　　刷　長達印刷有限公司
　　　　　台北市西園路二段 50 巷 4 弄 21 號
　　　　　TEL：+886-2-2304-0488

http://www.rchcs.com.tw

國家圖書館出版品預行編目 (CIP) 資料

吳忠信日記 (1949) = The diaries of Wu Chung-
hsin,1949/ 吳忠信原著 . -- 初版 . -- 臺北市 : 民國
歷史文化學社有限公司 , 2021.05

　面；　公分 . -- (民國日記 ; 65)

ISBN 978-986-5578-20-6 (平裝)

1. 吳忠信　2. 傳記

782.887　　　　　　　　　　　　110006148